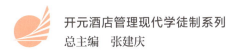

开元酒店管理现代学徒制系列
总主编 张建庆

NEW CENTURY
HOTELS & RESORTS

# 康乐运作实务

何 勇　邢艳梅　编著

复旦大学出版社

## 开元酒店管理现代学徒制系列教材编委会

**总顾问** 陈妙强　邹益民　叶　绿

**主　任** 张建庆

**副主任** 来荣法

**委　员**（按姓氏笔画）

　　　　江一舟　邢艳梅　严晓燕　沈蓓芬　何　勇
　　　　周晓君　周维琼　侯军芝　俞　圆　梁　广
　　　　蒋逸民　董其红　裘优凤　穆亚君

线上图书资源

# 前 言

随着我国经济实力的增强，旅游产业高速发展，已成为国民经济的一个重要组成部分。酒店业作为旅游产业的一个重要分支，也在不断发展壮大。与此同时，随着《国民旅游休闲纲要》的逐步落实，带薪假期的推行，人们闲暇时间的增加，休闲生活方式的兴起，康乐业在酒店的经营中起着越来越重要的作用。为适应酒店专业基于产教融合、工学结合的需要，适应校企双主体育人的现代学徒制人才培养模式需要，针对新时代职业院校教育改革的要求和康乐服务与管理课程的授课特点，编写了本实训教材。

本教材从浙江开元酒店管理集团公司的实际出发，将康乐部的服务与管理划分为康乐认知、康体运动类、休闲娱乐类、保健养生类、设备安全管理五个模块，加以系统整理，在编写上突出以下特色。

（1）岗位实用性。本书在内容选取上，以开元酒店集团康乐部待客业务岗位需求为基础，结合我国酒店业康乐经营的实践，围绕康乐部岗位工作实际要求编写，突出够用、实用的要求。

（2）任务引领性。本书在编写主题上，以康乐认知—项目介绍—技能训练—能力提升—部门管理为主线，以了解康乐知识，掌握基本技能，提升职业素养为目标。主题突出，特色鲜明，系统介绍酒店主要康乐项目的基础知识，训练服务技能和管理方法，体现了学习的任务特征。

（3）形态新颖性。本书在体例编排上，除必要的知识点、技能点、能力点之外，还配以技能训练与考评细则，同时增加了知识延伸、视野拓展、视频展播、案例分析等栏目，通过扫描二维码即可获取相关信息，在同类教材中体现了新颖独特一面。

本书对培养有康乐服务技能、会康乐管理、能创造幸福的高素质技术技能型酒店康乐服务与管理人才，具有重要意义。

本书由宁波城市职业技术学院何勇副教授和宁波开元名都大酒店康乐部经理邢艳梅编著。宁波城市职业技术学院张建庆教授、开元酒店集团宁波区域人力资源总监周晓君女士等为本书的编写提出了宝贵建议，给予了大力支持。

本书在编写过程中，广泛吸取了国内众多专家的研究成果，查阅了大量图书及网络资料，在此谨向相关作者表示衷心感谢。由于编者阅历和水平有限，不足之处，敬请各位专家和广大读者给予批评和指正。我们殷切期望本书内容能够真正贴近读者需求，提供有益的启发与指导。

编　者

2020 年 10 月

# 目 录

## 模块一　走进酒店康乐部

**项目一　酒店康乐概论** ·················· 3
　　任务一　酒店康乐 ·················· 4
　　任务二　康乐部的经营模式和管理特点 ·················· 6
　　任务三　康乐部的地位与功能 ·················· 8
　　任务四　康乐业的发展现状与未来趋势 ·················· 11
　　任务五　酒店康乐业调查技能训练 ·················· 14

**项目二　康乐项目与组织机构设置** ·················· 17
　　任务一　康乐部的项目分类 ·················· 18
　　任务二　康乐部组织机构与岗位设置 ·················· 20
　　任务三　康乐部管理岗位职责及任职要求 ·················· 22
　　任务四　康乐部考察学习技能训练 ·················· 25

## 模块二　康体运动类项目

**项目一　健身项目服务与管理** ·················· 31
　　任务一　健身运动 ·················· 32
　　任务二　健身项目岗位职责及任职要求 ·················· 34
　　任务三　健身项目服务流程与规范 ·················· 37
　　任务四　健身服务与管理技能训练 ·················· 39

**项目二　游泳项目服务与管理** ·················· 42
　　任务一　游泳运动 ·················· 43
　　任务二　游泳项目岗位职责及任职要求 ·················· 46
　　任务三　游泳项目服务流程与规范 ·················· 51
　　任务四　游泳服务与管理技能训练 ·················· 55

## 项目三　台球项目服务与管理 ········ 59

任务一　台球运动 ········ 60
任务二　台球项目岗位职责及任职要求 ········ 64
任务三　台球项目服务流程与规范 ········ 66
任务四　台球服务与管理技能训练 ········ 69

## 项目四　网球项目服务与管理 ········ 72

任务一　网球运动 ········ 73
任务二　网球项目岗位职责及任职要求 ········ 77
任务三　网球项目服务流程与规范 ········ 79
任务四　网球服务与管理技能训练 ········ 80

## 项目五　乒乓球项目服务与管理 ········ 84

任务一　乒乓球运动 ········ 85
任务二　乒乓球项目岗位职责及任职要求 ········ 87
任务三　乒乓球场服务流程与规范 ········ 89
任务四　乒乓球服务与管理技能训练 ········ 90

## 项目六　瑜伽项目服务与管理 ········ 93

任务一　瑜伽运动 ········ 94
任务二　瑜伽项目岗位职责及任职要求 ········ 95
任务三　瑜伽服务流程与规范 ········ 97
任务四　瑜伽服务与管理技能训练 ········ 98

## 项目七　高尔夫项目服务与管理 ········ 102

任务一　高尔夫球运动 ········ 103
任务二　高尔夫球项目岗位职责及任职要求 ········ 107
任务三　高尔夫球场服务流程与规范 ········ 110
任务四　高尔夫球服务与管理技能训练 ········ 112

# 模块三　休闲娱乐类项目

## 项目一　酒吧项目服务与管理 ········ 117

任务一　酒吧 ········ 118
任务二　酒吧岗位职责及任职要求 ········ 120
任务三　酒吧服务流程与规范 ········ 122
任务四　酒吧服务与管理技能训练 ········ 126

项目二　棋牌项目服务与管理 ………………………………………… 129
　　任务一　棋牌运动 ……………………………………………… 130
　　任务二　棋牌项目岗位职责及任职要求 ……………………… 133
　　任务三　棋牌项目服务流程与规范 …………………………… 135
　　任务四　棋牌服务与管理技能训练 …………………………… 137
项目三　游艇项目服务与管理 ………………………………………… 140
　　任务一　游艇运动 ……………………………………………… 141
　　任务二　游艇项目岗位职责及任职要求 ……………………… 145
　　任务三　游艇项目服务流程与规范 …………………………… 147
　　任务四　游艇服务与管理技能训练 …………………………… 147
项目四　亲子活动项目服务与管理 …………………………………… 151
　　任务一　亲子活动 ……………………………………………… 152
　　任务二　亲子活动项目岗位职责及任职要求 ………………… 156
　　任务三　亲子活动项目服务流程与规范 ……………………… 158
　　任务四　亲子活动服务与管理技能训练 ……………………… 159

## 模块四　保健养生类项目

项目一　桑拿浴项目服务与管理 ……………………………………… 165
　　任务一　桑拿浴 ………………………………………………… 166
　　任务二　桑拿浴项目岗位职责及任职要求 …………………… 169
　　任务三　桑拿浴项目服务流程与规范 ………………………… 170
　　任务四　桑拿浴服务与管理技能训练 ………………………… 171
项目二　足疗项目服务与管理 ………………………………………… 175
　　任务一　足疗 …………………………………………………… 176
　　任务二　足疗项目岗位职责及任职要求 ……………………… 178
　　任务三　足疗项目服务流程与规范 …………………………… 181
　　任务四　足疗服务与管理技能训练 …………………………… 182
项目三　保健按摩项目服务与管理 …………………………………… 185
　　任务一　保健按摩 ……………………………………………… 186
　　任务二　保健按摩项目岗位职责及任职要求 ………………… 190
　　任务三　保健按摩项目服务流程与规范 ……………………… 192
　　任务四　保健按摩服务与管理技能训练 ……………………… 193

## 模块五　酒店康乐部管理

**项目一　康乐部物资设备管理** …… 199
　　任务一　康乐部物资管理 …… 200
　　任务二　康乐部设备管理 …… 204
　　任务三　康乐部物资设备管理技能训练 …… 208

**项目二　康乐部安全管理** …… 212
　　任务一　康乐部安全事故 …… 213
　　任务二　康乐安全管理 …… 216
　　任务三　康乐部安全管理技能训练 …… 220

**参考文献** …… 223

模块一

# 走进酒店康乐部

# 项目一
# 酒店康乐概论

线上学习资料

现代社会中，人民生活富裕，工作节奏加快，人们更加关注自己的身心健康，追求积极健康的生活方式，注重提高生活品质。随着康乐行业的发展，酒店康乐部休闲中心正成为现代人娱乐享受的最佳场所之一。

现代酒店是设施完备、功能齐全，具有综合服务能力的企业。在酒店的众多部门中，康乐部是现代酒店一个新兴起的部门，按照中华人民共和国原国家旅游局2010年印发的《旅游饭店星级的划分与评定》（GB T 14308—2010）规定，涉外星级酒店必须具备一定的康乐设施。因此，康乐部是涉外酒店不可缺少的部门。

## 知识目标

1. 掌握康乐的含义
2. 熟悉康乐不同发展阶段的特点
3. 认识酒店康乐部的含义
4. 熟悉康乐业的发展前景

## 能力目标

1. 能够分析康乐部在现代酒店中的地位
2. 能够分析康乐部在现代酒店中的作用
3. 能够分析康乐部在现代酒店中的任务
4. 能够对康乐部基本管理模式进行分析

## 素养目标

1. 具有谦虚好学的学习态度
2. 具有乐于探究的求知品质
3. 具有团结协作的团队意识
4. 具有开朗乐观的职业心态

## 实训项目

把班级同学分成若干小组，在组长的带领下，参观合作酒店康乐部的各营业场所，与经理和服务人员进行交流。

> **项目目标**
> 
> 将班级学生分成若干小组，每组独立完成项目设计。每组成员用中/英文现场模拟演示本组设计的情景。

# 任务一 酒店康乐

## 一、康乐简介

"康乐"一词最早出现在《礼记·乐记》中："啴谐慢易、繁文简节之音作，而民康乐。"在梁启超《论进步》中也有提及，"其群治之光华美满也如彼，其人民之和亲康乐也如彼"。这里的康乐主要是安乐的意思。虽然上文都提及"康乐"二字，但与现代酒店中"康乐"的含义却不同。

"康乐"相关的英文词汇有：health（健康）、happiness（幸福、高兴）、well-being（生活安宁、幸福）、recreation（消遣、娱乐）、entertainment（娱乐、消遣、招待）。其中，从酒店健身与休闲娱乐的范畴分析，以上单词中与之含义比较接近的是娱乐、消遣。在酒店中，一般将集健身、娱乐、休闲为一体的康乐部门用 recreation 表示，entertainment 主要侧重于指别人的款待，比如他人的表演使得当事人得到娱乐。当然，不同的酒店也有不同的翻译方法，本书采用 recreation 一词，将康乐中心译为 recreation centre。

"康乐"字面含义是指"健康和快乐"，它是满足人们追求健康与快乐的各种行为方式的总和。"康乐"的基本含义为能使人们提高兴致、增进身心健康的娱乐消遣活动。康乐的内容主要包括体育健身、休闲娱乐、文艺表演、声像、美容等活动，它涉及时装、健美、卫生、审美、趣味、心理、体育等方面的知识，它已经成为一个内容广泛，涉及社会、自然等有关领域的学科。

## 二、康乐活动的发展阶段

康乐活动历史久远，随着社会的不断进步，如今的康乐已经不再局限于身体锻炼和精神娱乐，它逐渐成为人们社会活动、文化交流、业务洽谈的一种沟通方式。

### （一）起源发展阶段

人类很早就把走、跑、跳跃、投掷、攀登等动作，作为生产劳动和日常生活所需具备的基本技能。在原始社会，部落之间战争频繁，人们发现通过开展这些活动，

可以强身健体，鼓舞士气。时间一长，就产生了一种具有操练性质的军事舞蹈，这是康乐活动发展的萌芽阶段，康乐活动的发展与教育、军事、科技、宗教、休闲等有着密切的关系。

在广西壮族自治区宁明县花山崖壁画中，有远古骆越民族（壮族祖先）的乐舞场面，舞蹈动作多是双手上举、两腿叉开，舞姿粗犷有力。而流传于贵州、广西、湖南、江西等地的傩戏则是一种从傩祭活动中蜕变出来的戏剧形式，是宗教文化与戏剧文化相结合的产物，积淀了各个历史时期的宗教文化和民间艺术。

### （二）高速发展阶段

随着人类社会的进步，科技与文化的发展，人们可自由支配的收入和闲暇时间不断增加，康乐活动迅速发展和普及。随着歌舞厅、酒吧、球馆、俱乐部的出现，康乐项目和种类迅速增加，人们逐步开始参与康乐活动，康乐场所已逐渐成为文化交流之地，也出现了如酒吧文化、高尔夫文化、洗浴文化等康乐文化，在有些城市和地区康乐业已成为当地经济发展支柱产业，并形成康乐经济。

### （三）标准化发展阶段

第二次世界大战后，随着社会高速发展，康乐活动的服务标准逐渐被确立，康乐活动的类别也逐渐丰富起来，康乐活动所覆盖的地区也越来越广泛。康乐活动形成了自己的标准体系，各种项目的内容更具有专业化水准。

### （四）专业细分化发展阶段

进入 21 世纪以来，康乐活动已进入专业细分的发展阶段，许多大类康乐项目随着社会的发展进一步细分。这些细分的康乐项目更能精准地服务不同的受众群体，同时能更精准地满足不同客户的需求，专业化的康乐服务变得更具优势。

## 三、康乐部

康乐部（club），又名康乐中心、康体中心，是酒店组织客源、销售康乐产品、组

织接待和对客服务，并为客人提供各种综合服务的部门。康乐部也是酒店完善配套附属设施和提供服务的重要机构。康乐部通常提供的康乐设施主要有健身房、游泳池、乒乓球室、台球室、壁球室、网球场、高尔夫球室、KTV、歌舞厅、棋牌室、保健按摩室、SPA水疗馆等。不同星级、不同档次、不同经营类型的酒店所提供的项目各有差异。

康乐部通常是人流量较大、流动性较强、客人逗留时间较长的消费场所，是客人身心放松或情感体验较为强烈的地方，也是客人对酒店形成较为深刻印象的场所。因此，康乐部的管理体系、工作程序，康乐部每名员工的职业道德、服务意识、服务质量、知识结构、操作技能、应变能力及言谈举止等，都会对酒店的形象和声誉产生深刻影响。

# 任务二　康乐部的经营模式和管理特点

## 一、康乐部的经营模式

随着顾客消费水平的逐渐提高，需求也越来越多。康乐部的出现，使顾客在选择酒店时逐渐将目光转移到了酒店所能提供的康乐服务上。在经历了一段时间的发展之后，酒店也懂得了合理运用自己的资源设立一些特色的康乐项目，使得自身风格更加突显。具有特色的康乐项目可以更加吸引客人。作为酒店收入中的重要部分，康乐项目直接影响着酒店的盈利水平。现今，由于酒店康乐部门的迅速发展，出现了不同的康乐部经营管理模式。

### （一）自营式模式

自营式模式是指康乐部门的人力、财力、物力统一由酒店经营管理。这是最传统的管理模式，其优势是能够统一化地根据酒店自身的需求去规划和经营，能够同其他部门协调发展。不足之处在于管理效率不高，不能够适应市场需求的变化，容易造成酒店康乐部盈利状况不理想。

### （二）业务外包模式

业务外包模式是指酒店将康乐部门承包给专业的公司来经营管理。这是国外酒店康乐部门最常见的管理模式，也逐渐成为中国酒店康乐部门的主流管理模式。其优势是能够降低成本，并把康乐项目做得更专业化，但在选择康乐业务外包公司时，需要考虑它们的专业性和市场知名度。

### （三）实体模式

实体模式是指让康乐部门独立出来，采用合资、股份或子公司的形式经营管理。这是应对康乐业务量及其市场影响力都较大时的一种管理模式，它可以大大降低经营康乐部的风险和不确定性因素。

## 二、康乐部的管理特点

### （一）设施管理的严密性

康乐部拥有种类繁多的设施设备，不同项目在管理上都存在鲜明的个性。同时，安全生产是康乐部管理的底线，康乐部设施设备的规范使用，人员和物资的管理需要按照严格的管理制度执行，主要表现为管理组织上的严密性、劳动纪律方面的严肃性。

### （二）服务管理的灵活性

康乐部服务项目多，每个项目的运行规律又有较大差别，因此，康乐部在营业时间、服务方式和服务内容等方面具有灵活性。不同项目管理上的灵活程度也不一样。例如，健身房和高尔夫球分属室内和室外运动，在服务模式上就存在很大的区别；游泳池和瑜伽馆在经营管理上也存在明显不同。

### （三）经营项目的适应性

康乐部经营项目的适应性主要体现在需适应客人需求的不断发展变化上。康乐项目以其趣味性强、盈利丰厚而吸引众多的经营者，但客人的需求会不断变化，因而经营者需要认真研究市场，适应市场变化规律，加强服务质量的管理，及时更新康乐项目和设施，才能迎合客人的需求，使酒店立于不败之地。此外，康乐经营项目还应该考虑适应消费者的习俗、地理区位和季节特点，才能更客观地选择康乐项目和经营形式，从而获得经营管理上的成功。

### （四）经营管理的协作性

康乐部经营的项目种类多，在经营时既要考虑各个项目的独立性，又要考虑项目之间的关联性，强调服务的延展性。例如，健身房服务人员向客人推荐水疗和保健按摩服务，既可减轻客人大量运动后的疲劳，又可推销相关产品，从而提高部门的收益。

### （五）服务对象的随机性

康乐部与餐饮、客房部门相比，其接待服务对象的随机性更强。康乐部的营销水平和接待人次不像餐饮和客房那样具有较明显的规律性，经常受到社会环境、自然条件和消费者的年龄特征、兴趣爱好、身体状况等多种因素的影响。如中青年客人参与康体项目较多，年长或体弱者适合保健类项目。各项目消费群体的不同决定了康乐部服务管理的随机性。因此，服务人员需要为客人提供个性化服务，使客人的期望值和满意度统一，从而增加康乐部的经济效益。

# 任务三　康乐部的地位与功能

## 一、康乐部在现代酒店中的地位

### （一）康乐项目是酒店等级的重要标志

按照国际惯例，在酒店星级评定规格和标准中规定，三星级酒店要有康乐设施，四星级以上酒店必须有康乐部。在我国，根据原国家旅游局颁布的《旅游酒店星级划分与评定》的规定，四、五星级酒店必须具备歌舞厅、棋牌室、健身房、按摩室、桑拿浴室或蒸汽浴室、游泳池、网球室、壁球室、台球室、模拟高尔夫球场、乒乓球室、美容美发室、多功能厅、儿童娱乐室、独立的鲜花店等。由此可见，康乐部在酒店中的地位非常重要。

### （二）康乐项目是吸引客源的重要手段

酒店竞争的重要手段之一是有其自身的特色，例如以服务项目、设备功能、价格、营销取胜。所以，酒店增加康乐项目，改善康乐设施设备，以特色吸引客源很有必要。如今仅靠提供一般食宿功能的酒店参与市场竞争，其优势非常有限。

### （三）康乐部门是酒店收入的重要来源

目前，在我国有些酒店，康乐部的规模越来越大，与客房部、餐饮部并列成为酒店创收的主要部门，甚至有些酒店的康乐部已经超过其他部门成为酒店的第一大部门。

康乐设施设备完善、康乐环境优雅，能够吸引大批旅游者和当地消费者。不少旅游者会因为某个酒店的康乐设施和环境或对某一康乐活动特别感兴趣而住宿。

酒店完善的康乐设施、现代化的康乐器械会吸引康乐爱好者。正是由于康乐受到越来越多的旅游者和公众的青睐，酒店的经济效益也取得了意想不到的效果，很多旅游地热门酒店，特别是一些大城市和经济较发达地区的酒店，康乐部的经济收入在整个酒店的总营业额中已占有很高的比重。康乐部不仅可以作为酒店的附属部门存在，而且还可能形成独立的行业。

## 二、康乐部在现代酒店中的作用

### （一）有利于扩大酒店的服务范围

随着人们生活水平的提高，客人的消费需求越来越多样化，酒店客房、餐饮已不能满足客人住店期间的消费需求。增加康乐设施设备的投入，提供多种形式的康乐服务项目，为客人提供商务、会议、旅游、餐饮活动之外的选择，对提高客人的生活质量，满足客人的精神需求有着重要的作用。酒店在设计建设中，应充分考虑客人的康乐需求，增加各种室内或室外的健身、娱乐、保健等服务项目，既扩展了酒店的服务范围，又稳定了酒店的客源，还有利于酒店的进一步发展。

### （二）能够满足客人的康乐需求

现代康乐是人类物质文明和精神文明高度发展的结果，也是人们精神文化水平提高的必然要求。康乐部已成为继客房、餐饮等部门之后的重要营业部门，其运行的状态直接影响酒店的整体服务质量、管理水平、经济效益及市场形象。从客人方面考虑，康乐部能够满足客人运动、健身需求，也可以满足客人美容、美体、保健、娱乐的需求。

### （三）能够增加酒店的营业收入

随着人们对身心健康的关注程度越来越高，在选择住宿地点时，客人也会考虑酒店所能提供的各种康体娱乐服务，康乐项目具有较强的休闲娱乐性、多样性、趣味性，能较大范围地满足客人不同层次的需求，因此，康乐项目为酒店带来的收入具有很大的弹性，尤其是有些商务型客人、旅游度假型客人和年轻人对康乐的要求会更高。康乐项目是一般小型多样、用人少、流动资本少、成本低，其项目和设施的完善程度越高，对客人的吸引力就越大。康乐消费项目的丰富必将提高酒店的收入和盈利水平。

### （四）可以提升酒店的整体形象

对一家康乐设施完善、项目齐全的酒店来说，客人经常会从心理上对酒店等级产生认同和信任感，从而提升酒店的整体形象。所以，国家星级酒店的评定标准中对不同星级的酒店在康乐活动的设置上有明确的规定，服务设施达不到相应要求的就不能评为高档次酒店，有效促进星级酒店硬件水平的不断提高。

## 三、康乐部在现代酒店中的任务

现代酒店是设施设备完善、功能齐全、智能化控制的综合性群体建筑，它是以提供住宿、餐饮、商务、购物、娱乐和健身等不同服务项目为主的系列化多样性产品，从而满足社会大众对社交、体育、文化、健康需求的服务企业。康乐部的设置是酒店社交、商务、文化活动的完整构件，是酒店文化和功能的另一个代表和载体。

### （一）满足客人康体健身的需求

随着社会文明的进步，人们对康体健身的要求也在不断提高。因此，康乐部应在传统项目的基础上，开发设置不同形式的新项目，如羽毛球、乒乓球、台球、网球、高尔夫球、壁球、沙狐球、游泳、健身、室内攀岩等，以满足不同客人的不同需求。

### （二）满足客人休闲娱乐的需求

康乐部的休闲娱乐活动受到不同年龄、不同阶层人士的欢迎。不同消费人群可以根据自己的喜好选择相应的休闲娱乐项目，如电玩、扑克、麻将、卡拉OK、舞厅、酒吧等。它既满足了客人的休闲娱乐需求，也能使人精神放松，心情愉悦。因此，现代酒店中各种休闲娱乐项目，为来酒店消费的客人提供丰富多彩的娱乐生活，同时也为人际沟通、商务往来提供一种必要的补充方式。

### （三）满足客人养生保健的需求

现代人快节奏的工作与生活，常会使人的身心处在亚健康状态。如何缓解疲劳、释放压力、保持身心健康已成为人们非常关注的话题。现代酒店中一些具有特色的康乐项目，如SPA、桑拿浴、中医按摩、足浴按摩、刮痧和拔罐、美容美发等，可以帮助人们调节身心，缓解压力，增强身体对疾病的抵抗能力，满足人们休闲保健的需求。

### （四）满足客人清洁卫生的需求

随着康乐活动的普及，康乐部设施、设备的使用频率增大，可能会出现细菌交叉感染，如果没有做好清洁和消毒，很可能对客人的身体健康造成危害，如台球厅的球和球杆、乒乓球和球拍、跑步机的把手、游泳池的水质、卡拉 OK 的话筒、按摩床、化妆品等。因而，做好康乐部的清洁工作，为客人提供一个安全卫生、优雅舒适的活动场所，是康乐部的首要工作任务。

### （五）满足客人安全舒适的需求

酒店康乐部的重要任务之一是要为客人提供一个安全舒适的康乐消费环境，保证客人的人身、财产安全。康乐部设施、设备的损耗和老化会增加不安全因素，如果不加强康乐部设施设备的日常检查和保养，以及维护设备的正常运转，客人在消费过程中就可能受到伤害。例如，水滑梯的接口不及时检修，就可能发生划伤客人皮肤的事故；游泳池附近的地面如果滋生青苔或地面防滑垫未放置到位，就可能造成客人滑倒摔伤等。酒店应加强对康乐部服务人员的专业知识和技能的培训，科学指导和帮助客人参加各种康乐活动，以减少安全隐患，避免意外事故的发生。

### （六）满足客人康乐技巧的需求

酒店康乐部的项目较多，有些设备又具有较高的科技含量，使用时必须按照有关规定去操作，否则就可能损坏设备或发生其他事故。对于初次到康乐部消费的客人，为了避免发生意外，提高运动效果，这需要康乐部服务人员耐心地向客人提供正确的指导性服务。例如，健身房的运动器械各不相同，设备的复杂程度也不一样，尤其是那些较为先进的进口设备，如由电脑控制的健身自行车、跑步机等；而一些技术性很强的运动项目，需要康乐服务人员向不熟悉的客人提供技术服务，包括讲解、陪练等，以帮助客人达到较好的运动效果，如台球、壁球、网球等；有些项目还可以通过开办培训班的形式向客人提供技术服务，以满足他们在提升运动技能技巧方面的需求。

## 任务四　康乐业的发展现状与未来趋势

### 一、康乐业的发展现状

#### （一）康乐游玩项目不断推陈出新

随着社会经济的发展，人们对康乐活动的需求也在随之增加。国内外的实践经验

表明，康乐经营的生命力在于不断地更新。例如，高尔夫球本是一项传统的康体项目，由于其自身要求和客观条件的限制，不易普及推广，因而开发出城市高尔夫球（又称迷你高尔夫球）和模拟高尔夫球。又如桑拿浴本是一项传统的保健项目，近年来，经营者又陆续开发了光波浴、泥浴、瀑布浴、沙浴、药水浴、牛奶浴、茶水浴、花水浴、薄荷浴等，逐渐形成了洗浴文化。此外，还推出了室内攀岩、滑草、沙狐球等新兴的康乐项目。新项目的涌现给康乐业带来了活力，促进了行业的发展。

### （二）康乐活动文化氛围日趋浓厚

康乐活动可以使人们放松心情、缓解压力、消除疲劳、提高兴致、陶冶情操等。因此，康乐消费不仅需要一定的经济基础，而且要有一定的文化氛围。如高尔夫球历来被认为是一种高雅的康体项目，人们置身于由蓝天、绿草、树丛、水塘、沙地构成的球场之中，呼吸着清新的空气，做出优美、潇洒的击球动作，在这种舒适、和谐的环境中，人们的情趣会得到陶冶。此外，康乐活动也是由低层次向高层次发展，越来越具有文化色彩，如迪士尼乐园就具有非常浓厚的童话电影色彩。

### （三）经营理念注重突出主题特色

在快速发展的时代，康乐经营者更加注重如何拓展空间、增加营收。除开发新设备、扩大规模外，在经营理念上也更加注重突出主题。如在以电影为主题的游乐园中，迪士尼和环球影城是两个较大的乐园，它们都拥有经验丰富的管理团队，能够把影片成功地转换成主题乐园的游乐设施。中国的主题乐园发展也很快，先后建设了北京世界公园、上海迪士尼乐园、珠海横琴长隆国际海洋度假区、浙江长兴太湖龙之梦乐园、深圳锦绣中华民俗村等，特色都很鲜明。

### （四）康乐设施和经营主体不断延伸

随着人们对康乐活动需求的增加，康乐业的不断发展，康乐设施和经营主体在不断延伸。经营康乐项目的主体已从星级饭店向度假村、康乐中心扩展，还出现了许多专营康乐项目的大型企业。

### （五）参与康乐活动的人数越来越多

随着社会经济的发展和人们文化水平的提高，大众对康乐的需求也不断提高，越来越多的人希望在闲暇时参与一些有益于身心健康的康乐活动。另外，康乐需求的扩大促进了康乐服务人员的增加。我国台湾地区的多所高等院校都开设了高尔夫球选修课，高尔夫球已成为体育教学中最受欢迎的科目之一。近年来北京已经有一些专业高尔夫学校和台球学校，如云南旅游职业学院和上海旅游专科学校开设了与高尔夫运动相关的专业，这些学校每年培养一大批康乐服务和管理专业人员，为康乐业发展输送了大量优秀人才。

### （六）康乐项目的收费标准趋于合理

随着社会的进步，市场经济的发展，人们的消费观念也在发生转变，康乐业的收费标准越来越规范，大多数康乐企业都能制定出符合实际的收费标准，为广大中低收入人群提供享受现代康乐项目的机会和条件，康乐项目开始走向寻常百姓家庭，如上海迪士尼乐园调低了儿童票价。

## 二、康乐业的未来趋势

随着社会经济的发展，人们生活水平的提高，市场需求日益扩大，康乐部门所提供的服务已经成为酒店行业重要的竞争手段。康乐活动作为新兴的时尚休闲项目，在酒店中有很大的发展空间。同时，随着消费者对于精神享受的追求愈高，对体育健康和养生保健需求的增加，酒店行业越来越重视对康乐部门所设项目的研究和开发，因此，康乐部具有非常广阔的发展前景。

### （一）康乐经营的比重将会增加

康乐行业进入经济活动始于西方发达国家，后来又逐渐发展并占据较重要的经济地位，我国的康乐行业出现的时间较短，但发展相当快。2018年，全国共有娱乐场所70 584个，从业人员52.82万人，全年营业收入为520.97亿元，营业利润为112.33亿元；互联网上网服务营业场所有124 266个，从业人员34.67万人，全年营业收入为294.63亿元，营业利润为76.76亿元。根据国家统计局统计，2018年全国6万家规模以上文化及相关产业企业实现营业收入89 257亿元，比上年增长8.2%，持续保持较快增长。这说明康乐行业在国民经济中所占的地位越来越重要。

### （二）康乐消费的比例将会提高

近几年，随着我国物质生活水平的提高，广大群众越来越多地追求精神生活享受，人们的健康意识逐渐提高，消费观念和消费结构都在发生变化。据不完全统计，在酒店周围地区约70%的青年人喜欢到酒店康乐场所去消费，这已成为一种时尚。2018

年，全国文化和旅游部门所属艺术表演团体共组织政府采购公益演出16.16万场，观众1.28亿人次，分别比上年增长2.7%和0.3%。利用流动舞台车演出11.80万场次，观众0.95亿人次，分别比上年增长1.6%和0.2%。因此，康乐消费在人们生活消费中所占的比例越来越大。

### （三）康乐服务和管理水平将明显提高

我国的康乐行业始于20世纪80年代，尽管出现的时间较短，但康乐企业在数量上不断增多，在经济规模上不断扩大，而康乐管理和康乐教育培训也由最初的"摸着石头过河"，发展到由经验管理型向科学管理型方向进步，各院校开始设置康乐服务和康乐管理专业，有关的教材也在不断出版，使康乐管理趋于规范化和系统化。今后我国的康乐服务和管理水平还将继续提高。

### （四）康乐设备的科技含量将会不断增加

随着生产力发展，科学技术进步和市场需求增加，康乐设备的科技含量将会越来越高，其性能也越来越先进。设备的改进会使得原有的康乐项目日臻完善。例如电动按摩椅的出现，又如乒乓球拍从最早的一块木板到目前在底板上添加碳纤维，不仅更加轻巧，还增加了球拍的弹性，而这种纤维最早是航天飞机上用的高科技材料。

## 任务五 酒店康乐业调查技能训练

**实训目标**

通过实地考察，使学生对酒店康乐业有一个基本了解。

**实训内容**

走访学校所在城市的高星级酒店，对酒店康乐部进行调研，了解各康乐项目、作用、任务等，观摩各岗位的对客服务情况。

**实训步骤**

第一步：教师下达实训任务书，并作讲解说明。

第二步：将班级分成4~5个小组，每组4~5人，每组根据"酒店康乐项目技能训练实训任务书"的内容，选择3~4个问题，实地考察城市高星级酒店康乐部服务项目，通过现场参观，实地访谈专业人员，查找资料，分析讨论，形成问题答案。

第三步：各小组在班级分享调查结果。

第四步：教师归纳分析，总结成果。

**实训成果**

提交调查报告。

---

### 酒店康乐项目技能实训任务书

组名：_____　　组员姓名：_____　　日期：_____

1. 实地探访合作酒店，了解其概况。
2. 了解合作酒店康乐部的基本概况。
3. 考察康乐部各项目的设施设备情况。
4. 调查康乐部的员工配备情况。
5. 调查康乐部各项目的经营情况。
6. 思考康乐部如何适应酒店业的发展趋势？

---

**案例分析**

### 满足顾客的消费心理

某市开元大酒店的歌舞厅独具特色，长期以来一直吸引着众多顾客，饭店的出租率较高，饭店效益一直保持在良好的状态。该饭店在经营思想上敢于突破，善于利用特色娱乐来吸引顾客，以娱乐促销来扩大客源。康乐部员工团结一致，结合饭店的档次、类型、市场群体特点，不断推出既反映时代特色又体现流行趋势的具有民族和地方特色的各类娱乐活动，在社会上引起了相当大的反响，提高了饭店的知名度，取得了较好的经济效益和社会效益。饭店在设计歌舞厅娱乐节目时，经市场调研后推出内容轻快、服务热情、富有时代气息的娱乐节目。此外，康乐部娱乐项目设计还强调以宾客参与为主，使得娱乐形式多样、内容丰富，顾客在获得娱乐满足的同时也得到了身心的放松，这些活动为饭店带来了可观的经济效益。

---

**思考并回答**

1. 康乐部如何在饭店经营中发挥作用？
2. 康乐部应如何办出特色？
3. 康乐部应如何做好日常娱乐项目管理工作？

## 任务评价表

组名：_____　　组员姓名：_____　　日期：_____

| 评价内容 | | 自评 | | | 组评 | | | 师评 | | |
|---|---|---|---|---|---|---|---|---|---|---|
| 学习目标 | 评价内容 | 优 | 良 | 中 | 优 | 良 | 中 | 优 | 良 | 中 |
| 知识目标 | 掌握康乐的含义 | | | | | | | | | |
| | 熟悉康乐不同发展阶段的特点 | | | | | | | | | |
| | 认识酒店康乐部的含义 | | | | | | | | | |
| | 熟悉康乐业的发展前景及任职资格 | | | | | | | | | |
| 能力目标 | 能够分析康乐部在现代酒店中的地位 | | | | | | | | | |
| | 能够分析康乐部在现代酒店中的作用 | | | | | | | | | |
| | 能够分析康乐部在现代酒店中的任务 | | | | | | | | | |
| | 能够对康乐部基本管理模式进行分析 | | | | | | | | | |
| 素养目标 | 具有团结协作的团队意识 | | | | | | | | | |
| | 具有乐于探究的求知品质 | | | | | | | | | |
| | 具有谦虚好学的学习态度 | | | | | | | | | |
| | 具有开朗乐观的职业心态 | | | | | | | | | |
| 任务单 | 内容完整正确 | | | | | | | | | |
| | 书写规范清楚 | | | | | | | | | |
| | 思路清晰、层次分明 | | | | | | | | | |
| 小组合作 | 小组工作氛围融洽 | | | | | | | | | |
| | 成员相互配合密切 | | | | | | | | | |
| | 小组全员参与 | | | | | | | | | |
| 整体评价 | 优秀：□　　良好：□　　达标：□ | | | | | | | | | |
| 教师建议 | | | | | | | | | | |

# 项目二 康乐项目与组织机构设置

线上学习资料

完善的组织是保障康乐部正常运转的重要条件，它维系着康乐部的经营，是康乐部管理的重要内容。它包括组织机构和管理体制，各管理层次的规章制度、职能权限、作业分工和协作管理等。设置康乐部的组织机构及工作岗位时，要以酒店的管理系统及运行模式为指导，实现高效率的管理。

## 知识目标

1. 掌握酒店康乐部的项目分类
2. 熟悉康乐部的项目设置依据
3. 熟悉康乐部的组织机构设置
4. 熟悉康乐部管理层岗位设置

## 能力目标

1. 能够讲述康乐部项目分类
2. 能够讲述康乐部项目设置依据
3. 能够分析康乐部的组织机构设置原则
4. 能够分析康乐部管理层工作职责及任职资格

## 素养目标

1. 具有团队协作的工作意识
2. 具有真诚待客的服务意识
3. 具有爱岗敬业的工作态度
4. 具有乐观向上的职业心态

## 实训项目

将班级同学分成若干小组，在组长带领下参观酒店康乐部各营业场所，与康乐部经理交流。

## 项目目标

将班级学生分成若干小组，每组独立完成项目设计。每组成员用中/英文现场模拟演示本组设计的情景。

# 任务一　康乐部的项目分类

## 一、康乐部项目分类

康乐部是随着酒店康乐业的发展而出现的经营部门，康乐部的发展速度及其规模变化较快。根据参与者的具体目的不同，康乐活动可分为康体项目、娱乐项目和保健项目三大类型。

### （一）康体项目

康体项目是人们借助一定的康体设施、设备和环境，通过积极参与，达到锻炼身体、增强体质目的的活动项目。然而康体项目不是专业体育项目，它摒弃了体育运动的激烈性、竞技性，以不打破自身身体承受力为前提，具有较强的娱乐性、趣味性。

现代康体项目为了适应消费者的需求，在其发展的过程中逐渐形成了下列特点：需要借助现代化、科学性的设施设备和场所；具有特定的锻炼目的；康体的运动量适中，以不打破身体承受力为前提。

### （二）娱乐项目

娱乐项目是指借助一定的娱乐设施、设备和服务，使顾客在参与中得到精神满足，得到快乐的游戏活动。娱乐项目从古至今都是人们生活中不可缺少的消遣活动，歌舞、围棋等一直是深受广大老百姓喜爱的休闲娱乐活动。现代娱乐项目因其门槛低、趣味性强、参与性强，能够给人们精神上带来愉悦感而成为广大人民喜爱的消费方式。

酒店作为一个微缩的社会，客人来自各行各业，遍及世界各地，娱乐需求也因人而异，各有不同。康乐部在提供娱乐项目时，需要分析客人的消费需求，综合考虑酒店的具体情况，所在地的人文历史以及开设娱乐项目的背景等。

### （三）保健项目

休闲保健项目是指通过酒店提供相应的设施、设备或服务作用于人体，使顾客达到放松肌肉、促进循环、消除疲劳、恢复体力、养护皮肤、改善容颜等目的的活动项目。

酒店在为前来消费的客人提供保健类康乐活动时，由于受经营空间的影响，在经营过程中更侧重于休闲保健。休闲保健的经营项目包括传统保健按摩、刮痧、足疗、经络排毒等，也有与西方保健结合后出现的水疗、美容美体、茶疗等。

## 二、康乐项目设置的依据

### （一）市场需求

近些年来，随着全民健身运动的兴起，人们对康体健身、休闲娱乐、保健养生等方面的需求更加全面，酒店康乐部要针对人们的需求进行康乐项目的设置。康乐部除了给客人提供康乐场所之外，还承担着人们交流感情、沟通信息、洽谈业务的重要功能。

康乐项目的设置需要不断拓展，从形式到内容都要符合市场需求。从市场分析看，消费者在休闲、娱乐、健身等方面的需求还没有得到完全满足，还有很大的市场。另外，消费者的需求也会随着市场环境的变化、时间的推移而不断改变；市场需求会随着人口数量、经济收入、文化水平、竞争规模、商品供应量、价格及资源开发等因素的变化而变化。

### （二）国家政策和酒店档次

康乐活动作为具有现代意识的旅游新观念，越来越受到人们的重视。在西方国家，"休假型酒店"和"公寓式酒店"要有健身、娱乐设施并附设康乐部。根据中华人民共和国原国家旅游局 2010 年印发的《旅游饭店星级的划分与评定》（GB T 14308—2010），在酒店进行星级评定时，对康乐设施的设置有明确的规定。因此，酒店在筹划康乐项目时，应该学习国家有关的政策法规，向当地文化、体育、公安、消防、工商、税务等部门咨询，在可行的情况下设置康乐项目。

### （三）酒店资金能力

康乐项目的设置应该依据投资者投入的资金情况量力而行。建设一个综合娱乐项目所需的资金相当于建一座相当规模的酒店，但建设一个酒店附设的适度规模的康乐部无需投入大量资金。

### （四）客源消费层次

客源结构决定了客人的消费能力，而消费能力又影响了酒店康乐项目的消费水平。酒店康乐项目的设置，需要在调查研究的基础上根据客源层次及其相应需求来决定，即市场定位要准确，要注意区分工薪阶层与高薪阶层、商务客人与纯度假旅游客人需求的不同，要根据不同顾客的不同需求开设和推荐相应的康乐项目。

### （五）客房接待能力

针对以接待住宿旅客为主的酒店，根据酒店客房的接待能力，一般可以推算出酒店康乐部所需要的接待能力，以此确定康乐设施的规模。如果酒店康乐部同时接待店外散客，就要考虑市场半径之内的客流量，并以此为依据确定酒店康乐部的规模。

### （六）当地社会环境

酒店在设置康乐项目时，应该把社会环境作为参考依据之一。与康乐项目经营联系较为密切的社会环境有地区经济环境、人文环境和政治环境等因素。

### （七）康乐发展趋势

随着物质文明和精神文明的提高，人们对康体健身、休闲娱乐、保健养生等方面的需求也越来越高。因此，在酒店康乐项目设置时，应注重康乐业的发展，适时推出一些新潮、让消费者满意的康乐项目，使企业获得最大的效益。

## 任务二　康乐部组织机构与岗位设置

### 一、康乐部组织机构的设置原则

因为规模大小、市场定位、经营方式的不同，以及管理者的经营理念和管理模式的差异，康乐部的类型、规模和组成也存在区别。但是，康乐部组织机构的设置一般遵循以下几个方面的原则。

#### （一）适合经营需要原则

康乐部的组织形式要为康乐部的经营服务，其组织机构要根据经营业务需要设置，遵从精简原则，进行机构设置，建立严格的岗位责任制，明确分工职责，杜绝人浮于事，做到精简高效。

#### （二）专业分工协作原则

专业分工协作是将一个复杂的工作分解成多个相对比较简单的环节，把单个的环节分配给具体的人去操作。康乐部在进行内部机构设置时，须先明确各部门的功能和作用、任务、内容、工作量，以及和其他项目的关系等，然后适度地细化分工。把复杂的工作变得简单，使每个具体操作的服务人员易于掌握，从而达到规范熟练，以提高服务人员的服务效率。

### （三）管理有效控制原则

管理讲究管理幅度和有效控制。管理幅度是一名管理者能够有效指挥下级人员的数目。一个管理者既要负责对下级下达命令、协调关系、检查执行指令的情况，又要激励下属工作。因此，一名管理者能够有效领导的下属人数是有限的，这与被管理者的自身素质、工作能力、工作经验、工作难易程度以及工作区域的划分有着直接的关系。如果管理者的管理幅度超出了适宜的数目，就无法进行有效的领导；同样，如果管理幅度达不到适宜的数目，就会增加管理成本，造成人力资源的浪费。

管理的有效控制是指管理者要通过自己的工作来实现酒店的经营目标，发挥员工的主观能动性。为了能顺利完成管理任务，康乐部内部的机构设置必须明确其功能、作用、任务、内容、工作量，以及各个项目之间的关系，建立适当的管理幅度和管理层次，使康乐部高效地运转，同时也需要避免机构臃肿现象。

### （四）才职相当用人原则

康乐部机构的设置要有利于发挥各级人员的业务才能，发挥他们的主观能动性，用人之长。在康乐部配备员工时，需要考虑两个方面的因素：一是员工才能和其担任职位的适合度，即根据职务和岗位的工作性质来选择与之相适应的员工，做到知人善任、因才用人。康乐部提供消费项目的参与方式、活动特点、服务模式各不相同，需要有相应特长的员工来参与服务或管理，如游泳池的救生员、健身房的教练员等要求各不相同。二是机构人员的配备要与承担的业务相适应，在人员的数量、资历、技术能力等方面，要科学调配，从而形成高效率的组织机构。

## 二、康乐部的岗位设置形式

康乐部作为酒店的一个业务部门，其岗位的设置原则与其他业务部门大致相同。同时，也要依据它的特点和经营管理上的特殊要求来设置组织机构的职务岗位。

酒店康乐部服务人员的设置，依照酒店康乐服务项目的不同和服务档次的差异分别设有健身房服务员、游泳馆服务员、台球厅服务员、保龄球馆服务员、桑拿服务员等多个岗位。酒店康乐部的组织结构根据不同酒店，有所不同，如图1-1、图1-2所示。

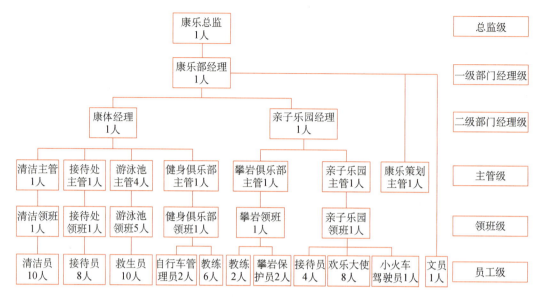

图1-1 厦门特房波特曼七星湾酒店康乐部组织架构图

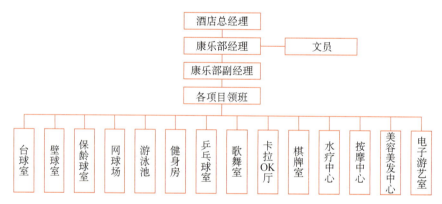

图1-2 康乐部组织机构

## 任务三 康乐部管理岗位职责及任职要求

### 一、康乐部经理

康乐部经理在酒店总经理的领导下开展工作,是康乐部的灵魂,负责整个部门的运营管理,把握部门的经营方向,带领部门员工完成酒店下达的经营任务,其人员选择应具备以下条件,如表1-1所示。

表 1-1　康乐部经理任职要求及岗位职责

| 内容 | 细　　则 |
|---|---|
| 上下级关系 | 直接上级：酒店总经理<br>直接下级：康乐部主管 |
| 岗位概述 | 在酒店总经理的领导下，负责酒店康乐部的经营管理，确保康体设施处于最佳状态，维持良好的服务水准，并不断推出新的娱乐活动和产品，增强酒店的综合竞争能力和盈利能力 |
| 任职资格 | 1. 学历要求：大专及以上学历<br>2. 体貌要求：身体健康，五官端正<br>3. 外语水平：具有基础的听、说、读、写能力<br>4. 培训记录：具有经理管理岗位的培训经历<br>5. 工作经验：3 年以上酒店从业经验，2 年以上部门管理经验<br>6. 专业资格要求：拥有行业认可部门经理管理人员上岗证或通过集团考核<br>7. 岗位任职技能：具有良好的办公软件操作、Excel 报表制作、PPT 制作能力及电脑信息处理能力<br>8. 基本素质：有强烈的责任感和良好的敬业精神，熟悉和掌握酒店管理知识，具有较强的决策、管理、组织协调能力，熟悉康乐管理的有关法规和制度，具备较强的康乐管理和运作的知识和技能 |
| 岗位职责 | 1. 管理职责<br>(1) 全面负责酒店康乐部的日常经营管理工作，确保部门按照酒店集团制订的标准为宾客提供优质的服务与产品；执行贯彻相关管理制度，确保与酒店集团政策一致<br>(2) 不断研究目标客户的消费需求和变化，完善服务流程设计、管理系统以优化运作程序，有针对性地组织服务创新，经总经理批准并抄送商务事业部支持总监后实施<br>(3) 保持对业内康乐最新产品、服务、效率等最新技术与标准的关注和了解，并加以应用和推广<br>(4) 制订酒店康乐部年度、月度工作计划，确保相关人员都能对此有充分的了解并有效实施。审议各区域管理人员递交的工作计划和工作报告，并以此为依据作充分的业务沟通<br>(5) 定期将康乐部的年度、月度工作计划及指定报告按要求递交酒店总经理、抄送商务事业部支持总监<br>(6) 监察康乐有关服务、产品、设施的一切运作，并进行定期检查。同时做好部门所有工作报告的查阅工作，积极关注部门效益、利润等一切相关运作状况<br>(7) 策划康乐部各项主题营销重要活动<br>(8) 每日巡视康乐部各经营区域，督导康乐部各区域对客服务与接待，保证酒店维持良好的服务水准<br>(9) 审阅部门经营报表，了解各区域经营状况，及时调整经营策略<br>(10) 控制成本，制定合理的定价策略，实现康乐经营的最佳效益<br>(11) 完善安全紧急操作程序，确保部门的安全运行<br>(12) 参与并安排酒店重要接待 |

(续表)

| 内容 | 细则 |
|---|---|
| 岗位职责 | 2. 沟通协调职责<br>（1）参加酒店工作会议，主持部门定期会议，布置各项工作安排，促进各岗位的沟通、协作和高效运作<br>（2）组织开展部门各项团建文化活动，提升部门团队凝聚力<br>（3）协调康乐部各部门之间的相关信息的交流工作，并指导本部门与其他部门之间的信息沟通，加强与总经理的汇报沟通，及时改进业务<br>（4）与酒店顾客、员工保持良好的沟通，尤其注重与重要客户之间的良好关系<br>（5）与文化部门、治安部门、演出公司等保持良好的沟通和协作关系<br>3. 人力资源职责<br>（1）按照酒店集团的组织结构设置标准，制订康乐所有岗位的工作说明书，经酒店人力资源部的协调和酒店总经理的批准后执行<br>（2）审议部门基层管理人员的年度绩效考核与检查的标准与方法<br>（3）与酒店人力资源部一起，安排和履行部门人力资源各项职能，包括招聘、培训等，并注重培养部门的管理人员和技术骨干<br>（4）关注康乐部管理人员及员工的人员流失率，并将分析结论及时上报人资总监<br>4. 其他职责<br>（1）了解和关注竞争酒店运营亮点，结合自身实际不断学习与创新，确保酒店整体服务品质与口碑<br>（2）要确保酒店对外出租的娱乐经营场所与酒店保持一致的服务质量和设施水准，实现一体化经营 |

## 二、康乐部主管

康乐部主管是康乐部经理的得力助手，在康乐部经理的领导下，带领各康乐项目领班完成部门的工作任务和业绩目标，人员需具备以下条件，如表1-2所示。

表1-2　康乐部主管任职要求及岗位职责

| 内容 | 细则 |
|---|---|
| 上下级关系 | 直接上级：康乐部经理<br>直接下级：各项目领班 |
| 岗位概述 | 在康乐部经理的领导下，严格按照岗位操作流程对员工实施日常管理，保证对客服务质量；能根据营业需要，提出建设性的销售意见，提高营业收入并积极促销会员卡；在保证营业需要的前提下，能有效控制营业成本，做好开源节流工作 |
| 任职资格 | 1. 学历要求：大专及以上学历<br>2. 体貌要求：身体健康，五官端正<br>3. 外语水平：具有基础的英语沟通能力<br>4. 培训记录：参加过酒店新员工入职培训及部门岗位技能培训<br>5. 工作经验：2年以上酒店从业经验，1年以上相关管理经验<br>6. 基本素质：熟悉健身区域各类专业知识及工作程序，有较强的销售意识及管理水平，熟悉电脑操作；有较好的沟通能力；具有良好的敬业精神 |

(续表)

| 内容 | 细 则 |
|---|---|
| 岗位职责 | 1. 熟练掌握并执行酒店的制度和操作规范<br>2. 严格遵照酒店安全制度，熟练掌握紧急情况处理程序<br>3. 积极参与部门的经营促销计划，与宾客建立良好的关系，稳定客源市场<br>4. 主持每日例会，进行上岗前仪表仪容检查，传达有关工作指令，分配员工任务<br>5. 确保按规格布置各营业场所，检查各区域卫生情况<br>6. 准确记录本班次未尽事宜，移交下一班次<br>7. 按部门计划，定期对员工进行业务培训<br>8. 提出每月物品采购申请，确保各类物品的库存量<br>9. 营业开始时，参加并督促每一个流程的服务，与有关的班组、部门协调，保证服务的连贯性与有条不紊<br>10. 接待宾客的投诉并向上级汇报，做好对客服务记录与统计，建立客户档案<br>11. 确保设备设施的完好，及时维修，使营业场所处于最佳状态<br>12. 检查下班前的收尾工作，确保关闭所有的电源开关、空调开关及各营业场所的大门<br>13. 每月月底做好月报告，统计好当月的营业额和客人人数<br>14. 完成员工的考核评估，做到事事有记录<br>15. 完成部门经理交办的其他事项 |

## 任务四　康乐部考察学习技能训练

**实训目标**

通过实地考察，使学生对康乐行业有一个基本了解。

**实训内容**

走访学校所在城市合作的高星级酒店，对酒店康乐部进行考察，了解各酒店康乐部机构设置及各管理岗位职责，观摩各岗位的对客服务情况。

**实训步骤**

第一步：教师下达实训任务书，并作讲解说明。

第二步：将班级分成4～5个小组，每组4～5人，每组根据"康乐项目与组织机构设置实训任务书"内容，选择3～4个问题，实地考察酒店康乐部服务项目，通过现场观察，参与实践，访谈专业人员，查找资料，分析讨论，形成问题答案。

第三步：各小组在班级分享调查结果。

第四步：教师归纳分析，总结成果。

**实训成果**

提交调查报告。

## 康乐项目与组织机构设置技能实训任务书

组名：_____  组员姓名：_____  日期：_____

1. 调查康乐部的组织机构设置情况。
2. 调查康乐部各项目的岗位设置情况。
3. 调查康乐部各项目岗位的任职要求。
4. 调查康乐部员工需知晓哪些服务知识。
5. 调查康乐部员工需掌握哪些服务技能。
6. 调查康乐部员工应具有哪些职业素养。
7. 调查康乐部员工应具备怎样的职业心态。
8. 调查康乐部员工需掌握哪些管理方法。
9. 思考康乐部员工如何适应康乐业的发展趋势。

## 案例分析

### 洞察服务人员的心理

王雪已经在开元集团某酒店康乐部游泳池担任服务员2年了，一直表现不错，很多客人都对她评价良好，是一名负责任的服务人员。

但最近，她频频被投诉——上班无精打采，脸色阴沉，仪容不整。按照规定，王雪会被处以一定的经济惩罚，甚至会被开除。康乐部游泳池的主管是个细心认真的管理者，他派人与王雪谈话，了解了真实情况。原来她刚刚失恋，还未能从个人感情的阴影中走出来。为了缓解王雪的情绪，主管给了王雪一周的带薪休假，让她去散散心，并多次与她谈话沟通，帮助她消除不良情绪，将个人情绪与工作表现区别对待。很快，王雪又恢复了从前的乐观热情，又成为那个人见人夸的优秀服务员了。

## 思考并回答

1. 如何在培训中加强服务人员的角色定位意识和服务意识？
2. 有哪些途径可以调节服务人员情绪，使服务人员愉快工作？

模块一·项目二 康乐项目与组织机构设置

## 任务评价表

组名：_____  组员姓名：_____  日期：_____

| 评价内容 | | 自评 | | | 组评 | | | 师评 | | |
|---|---|---|---|---|---|---|---|---|---|---|
| 学习目标 | 评价内容 | 优 | 良 | 中 | 优 | 良 | 中 | 优 | 良 | 中 |
| 知识目标 | 掌握酒店康乐部的项目分类 | | | | | | | | | |
| | 熟悉康乐部的项目设置依据 | | | | | | | | | |
| | 熟悉康乐部的组织机构设置 | | | | | | | | | |
| | 熟悉康乐部管理层岗位设置 | | | | | | | | | |
| 能力目标 | 能够讲述康乐部项目分类 | | | | | | | | | |
| | 能够讲述康乐部项目设置依据 | | | | | | | | | |
| | 能够分析康乐部组织机构设置原则 | | | | | | | | | |
| | 能够分析康乐部管理层工作职责及任职资格 | | | | | | | | | |
| 素养目标 | 具有团队协作的工作意识 | | | | | | | | | |
| | 具有真诚待客的服务意识 | | | | | | | | | |
| | 具有爱岗敬业的工作态度 | | | | | | | | | |
| | 具有乐观向上的职业心态 | | | | | | | | | |
| 任务单 | 内容完整正确 | | | | | | | | | |
| | 书写规范清楚 | | | | | | | | | |
| | 思路清晰、层次分明 | | | | | | | | | |
| 小组合作 | 小组工作氛围融洽 | | | | | | | | | |
| | 成员相互配合密切 | | | | | | | | | |
| | 小组全员参与 | | | | | | | | | |
| 整体评价 | 优秀：□　　良好：□　　达标：□ | | | | | | | | | |
| 教师建议 | | | | | | | | | | |

# 模块二

## 康体运动类项目

# 项目一
# 健身项目服务与管理

线上学习资料

健身运动是康体运动的一种，是饭店康乐部最常见的经营项目。健身房是集田径、体操、举重等多项运动于一体的综合运动场所，能提供各种科学、齐全、安全的体育训练设备，不同运动项目可以达到不同的健身效果。顾客可以根据自身情况自行选择和有计划地进行康体活动，同时健身房的健身教练也会向顾客提供专业指导，帮助制订科学的健身计划。

## 知识目标
1. 掌握健身项目的服务知识
2. 熟悉健身器械的分类及健身房的区域功能
3. 熟悉健身运动服务程序与规范
4. 熟悉健身房各岗位的工作职责及任职资格

## 能力目标
1. 能够掌握健身运动器材的使用方法
2. 能够为客人提供健身运动项目服务
3. 能够处理健身服务中遇到的常见问题
4. 能够讲述健身房各岗位的职责要求

## 素养目标
1. 具有团队协作参与对客服务的意识
2. 具有主动学习、勇于实践的品质
3. 具有认真负责、爱岗敬业的工作态度
4. 具有开朗、乐观、向上的职业心态

## 实训项目
设计酒店健身运动的对客服务情景。

## 项目目标
将班级学生分成若干小组，每组独立完成健身运动项目设计。每组成员用中/英文现场模拟演示本组设计的情景。

# 任务一　健身运动

## 一、健身房简介

健身房是集多项运动于一体的综合性运动场所。健身房不仅能够提供科学齐全、安全可靠的体育训练设备,还能使训练者在挥洒汗水中锻炼体魄、强身健美,减轻精神压力、容光焕发。

健身房的大部分器械如跑步机,具有模拟运动的特点,故每项运动所需要的场地都比较小;有些器械如多功能训练器具有多项运动组合的特点,每一个单项所占场地就更小,有利于提高场地的利用率。

由于健身房器材种类多,运动量、运动速度都可调节,因此,各种体质、年龄、性别的人都可以在这里找到与自身体质相适应的运动项目,进行锻炼。

## 二、健身运动项目分类

室内健身运动由于在室内进行而受到部分限制,但仍涵盖了健身运动所包括的许多方面,且种类繁多,因此,可以根据各训练者的训练目的进行分类。

### (一) 心肺功能训练项目

心肺功能是指人的摄氧和转化氧气成为能量的能力。在整个过程中,牵涉心脏制血及泵血功能、肺部摄氧及交换气体能力、血液循环系统携带氧气至全身各部位的效率,以及肌肉使用这些氧气的功能。心肺功能良好、身体主要机能都健康的人,患慢性疾病如心血管病、内分泌系统疾病、呼吸系统疾病的概率较低。

有氧运动可锻炼心肺功能。一般温和运动后最高心跳(即220减去自己年龄)为60%~70%的运动量消脂功能最好,在运动中的能量消耗有40%来自脂肪、60%为碳水化合物。如果要锻炼心肺功能,则需达到最高心跳70%以上的剧烈运动,而此时能量消耗的90%为碳水化合物、10%为脂肪。一般人运动前需进行心肺功能测试,评估体能和身体状况后,再开始进行适合的运动,逐步锻炼与提升心肺功能。

### （二）力量训练项目

力量训练项目是标准健身房的主导项目，与心肺功能训练项目配合，具有相辅相成的效果。例如，力量训练需要进行举重或各种负重训练来增强肌肉力量。力量训练可以有效地将体内的脂肪转化为肌肉，具有强壮骨骼、减少患有糖尿病风险、预防心脏病、预防腰背及关节疼痛、增强竞技能力、增添生命活力等效果。

## 三、健身房的设施设备

健身房的健身器械有很多种，根据身体的锻炼范围可以分为三类：全身性、局部性和小型健身器械。

### （一）全身性健身器械

全身性健身器械属于综合性器械，可供多人同时在一个器械上进行循环性或选择性练习。这种健身器械通常体积较大，功能较全，价格不菲。全身性健身器械有很多种，其中较为特殊的是多功能跑步机，它是在单功能跑步机的基础上增加了划船、蹬车、俯卧撑、腰部旋转、按摩等功能，体积不大。

### （二）局部性健身器械

局部性健身器械多属专项训练器械，这类器械结构小巧，多数能折叠，兼具趣味性。但功能相对单一，侧重局部肌群锻炼。这种器械既有以配重砝码、液压拉缸为重载的力量型，也有以自身为动力的非力量型，无需拆装组合，有的配有时间、速度、距离、心率的电子显示装置，使锻炼者便于掌握运动量，因此，这一类型的健身器械颇受健身爱好者青睐。

### （三）小型健身器械

小型健身器械体积虽小，但锻炼价值并不低。以可调式哑铃为例，它适合于不同的年龄、性别和体质的人使用，可以使全身各个部位肌肉得到锻炼，更是健美爱好者的必备器械。再如弹簧拉力器，它轻便小巧，价格低廉及便于存放，易于携带，能达到强身健体的目的。

### （四）拉力皮筋器械

拉力皮筋器械价格便宜，容易操作。在做各种动作时，可随意组合姿势，充分运动全身。在运动时需要专业教练指导，以达到正确的姿势和理想的效果。它的缺点是强度不足，对于大运动量训练的人不太合适。

### （五）体能测试设备

体能测试仪是近年来流行于健身房的一款产品，可用于帮助健身教练为学员制定健身计划，使健身者达到健身的最佳效果。

## 四、健身房的功能分区

专业健身房包括有氧健身区、抗阻力力量训练区（无氧区）、组合器械训练区、趣味健身区、瑜伽房、体能测试室、男女更衣室及淋浴区、会员休息区等区域。

# 任务二　健身项目岗位职责及任职要求

酒店康乐部的健身中心主要管理岗位为领班，下属岗位分别是服务员和健身教练。他们构成了对外营业的服务体系，如图2-1所示。

图2-1　健身房组织结构图

## 一、健身房领班的岗位职责及任职要求

健身房领班是在康体中心主管的领导下，带领下属员工按照酒店的服务流程和服务规范，开展健身房的经营与管理，为客人提供优质的服务。健身房领班需要具备以下的任职资格和承担以下岗位职责，如表2-1所示。

表 2-1 健身房领班任职要求及岗位职责

| 内容 | 细　　则 |
|---|---|
| 上下级关系 | 直接上级：康乐部主管<br>直接下级：健身房服务员、健身教练员 |
| 岗位概述 | 在康体中心主管的领导下，带领员工做好健身房的日常经营与管理工作，确保为客人提供令其满意的服务 |
| 任职资格 | 1. 学历要求：高中（中专）及以上学历<br>2. 体貌要求：身体健康，五官端正<br>3. 外语水平：具有基础的英语沟通能力<br>4. 培训记录：参加过酒店新员工入职培训及部门健身岗位技能培训<br>5. 工作经验：有 1 年以上康乐服务工作经验<br>6. 基本素质：熟悉健身房各类健身器材的专业知识及工作程序，善于引导客人参加健身运动；有一定的销售意识及管理水平，熟悉电脑操作；有良好的团队沟通能力，具有良好的敬业精神 |
| 岗位职责 | 1. 负责定期调查会员对健身房所安排健身课程的满意程度，并以报告的形式上交部门领导<br>2. 合理安排并协调所有的巡场教练和专职健身操教练的工作班次与休息日<br>3. 根据会员意见与健身计划，协助私人教练做好课程安排<br>4. 对所有新聘任的健身房员工进行初步的专业培训<br>5. 依据康乐部的相关规章制度，协助领导管理健身房的员工<br>6. 制订并改进合理的健身部工作项目<br>7. 定期召集本部门员工开会，传达康乐部政策、规定和领导的指导意见<br>8. 负责整理健身房的文档和工作报表，包括与财务部门协调的费用制定及预算审核<br>9. 月底核算私人教练课程提成，经领导核实后上交财务部<br>10. 对集体课教练的职业水平进行定期业务综合评估，根据评估的结果和工作表现，制定相应课时佣金和奖惩制度，并严格贯彻执行<br>11. 每月底做好团体操教练课时佣金统计表，经部门领导核实，上报财务部<br>12. 确保所有授课设施的清洁卫生及设备的维修与保养，以保证集体课程的正常进行<br>13. 提前电话确定集体操教练的到岗情况，如有特殊情况，及时找人代替上课，或进行课程调整，并在第一时间通知客服部发布调课通知<br>14. 完成主管交办的其他事宜 |

## 二、健身房服务员

健身房服务人员是健身中心经营管理的人才基础，是为客人提供优质服务的保障，合格的健身房服务人员应具备以下任职资格和承担以下岗位职责，如表 2-2 所示。

表 2-2　健身房服务员任职要求及岗位职责

| 内容 | 细则 |
|---|---|
| 上下级关系 | 直接上级：健身房领班<br>直接下级：无 |
| 岗位概述 | 在健身房领班的领导下，按照操作规程的标准为客人提供服务 |
| 任职资格 | 1. 学历要求：高中（中专）及以上学历<br>2. 体貌要求：身体健康，五官端正<br>3. 外语水平：具有基础的英语沟通能力<br>4. 培训记录：参加过酒店新员工入职培训及部门健身岗位技能培训<br>5. 工作经验：有1年以上服务工作经验或相关专业院校毕业<br>6. 基本素质：熟悉健身房各类专业知识及工作程序，具有良好的敬业精神 |
| 岗位职责 | 1. 熟练掌握并执行酒店的制度和操作规范<br>2. 严格遵照酒店安全制度，熟练掌握紧急情况处理程序<br>3. 积极参与部门的经营促销计划，与宾客建立良好的关系，稳定客源市场<br>4. 熟知健身房的服务项目、价格及营业时间，能解答客人的咨询<br>5. 熟知健身房的安全使用规则，纠正违反规则的行为，保证客人安全<br>6. 负责做好各自营业区域的卫生工作，保证工作环境的整洁<br>7. 负责每天布草的送洗、点数与记录工作<br>8. 熟练掌握健身区域的操作流程，为宾客提供优质服务<br>9. 负责检查设施设备的运转情况，发现问题及时报告、报修<br>10. 负责客人遗留物品的上交工作<br>11. 负责饮料的销售、补充和申报补充物品工作<br>12. 确认宾客预订的时间，客人如延长时间或提早结束，应及时和领班联系<br>13. 负责服务后恢复场地，为下一班做好准备<br>14. 负责做好结束工作，关闭电源开关、空调开关、锁门<br>15. 完成领班交办的其他事项 |

## 三、健身教练员

健身教练员是健身中心业务增长与拓展的基础，好的师资才能吸引住顾客学员，为健身中心带来持续增长的效益，健身教练员的聘任可参考如下细则要求，如表 2-3 所示。

表 2-3　健身教练员任职要求及岗位职责

| 内容 | 细则 |
|---|---|
| 上下级关系 | 直接上级：健身房领班<br>直接下级：无 |
| 岗位概述 | 在健身房领班的领导下，为会员提供专业、规范、个性化的指导，以满足宾客多方面的训练要求，达到最佳训练效果 |
| 任职资格 | 1. 学历要求：高中（中专）及以上学历<br>2. 体貌要求：身体健康，五官端正 |

(续表)

| 内容 | 细则 |
|---|---|
| 任职资格 | 3. 外语水平：具有基础的英语沟通能力<br>4. 培训记录：参加过酒店新员工入职培训及部门健身岗位技能培训<br>5. 工作经验：具有从事运动专业的培训及辅导课程经验<br>6. 基本素质：拥有较强的运动专业知识和技能，吃苦耐劳，责任心强，具有良好的敬业精神 |
| 岗位职责 | 1. 熟练掌握并执行酒店的制度和操作规范<br>2. 严格遵照酒店安全制度，熟练掌握紧急情况处理程序<br>3. 积极参与部门的经营促销计划，与宾客建立良好的关系，稳定客源市场<br>4. 为健身中心客人提供教练、陪练服务<br>5. 负责健身中心员工的运动专业技能培训<br>6. 参与策划会员健身活动，组织会员参加运动竞赛<br>7. 为会员提供健身指导，并按会员要求为其制定个性化的运动健身计划，并作好书面记录<br>8. 完成领班交办的其他事项 |

## 任务三　健身项目服务流程与规范

### 一、健身服务流程与规范

为提高健身服务水平和服务质量，必须按照一定的服务流程和规范进行操作，才能保证健身中心接待服务工作的顺利开展。具体可以参考以下要求，如表2-4所示。

表2-4　健身服务流程与服务规范

| 服务流程 | 服务规范 |
|---|---|
| 岗前准备 | 1. 在规定的时间内打卡签到，并做到仪容端庄、仪表整洁，符合酒店要求<br>2. 按时参加班前会，接受领导检查和工作任务的分派<br>3. 清洁整理环境卫生，检测使用服务设施设备，准备好各种表格、单据、文具等，核对好钟表时间 |
| 预订服务或咨询服务 | 1. 电话应在三声内接起，如三声以外接听电话，接听后要有致歉语："对不起，让您久等了。"<br>2. 如客人打错电话询问其他岗位或部门的问题，如能解答，则要解答，如不能解答，询问客人房号，并立即通知内部相关人员给客人回电话<br>3. 对于客人了解情况的电话，要耐心、认真回答，注意掌握恰当的语音、语气<br>4. 如客人咨询相关事宜，应了解客人需求主动推销，并记录客人联系电话等信息，以便电话回访 |

(续表)

| 服务流程 | 服务规范 |
| --- | --- |
| 预订服务或咨询服务 | 5. 如客人询问免费提供的项目时，应灵活回答，如可免费提供纯净水、茶水、续水、热香巾、订餐等服务<br>6. 如客人要预订娱乐项目，首先根据"预订本"确定相应时段无预订后，记下客人姓氏，预订的项目及房号、预约时间及预计消费的时间、联系电话和结账方式，共几位客人，有无其他要求<br>7. 需重复客人的预订情况，并与客人核对预订信息，告知如有什么变故，请及时与我们联系<br>8. 感谢客人的预订，与客人告别。待客人挂电话后再挂电话<br>9. 准确填写预订本，对客人预订情况进行交接。对于常客的预订注意留意客史情况，参照客史情况进行准备，对于 VIP 预订应及时上报管理人员 |
| 迎客服务 | 1. 营业前 10 分钟按标准服务姿势站立于规定位置<br>2. 客人到来后应主动热情地接待，礼貌称呼健身房常客的姓名或职衔，并引领客人至服务台办理健身活动的登记手续 |
| 健身服务 | 1. 询问客人的具体要求，开具单据，为客人办理健身房会员卡<br>2. 及时准确地为客人发放更衣柜钥匙、毛巾等用品<br>3. 引领客人到更衣室更换衣服<br>4. 提醒客人着运动装、穿运动鞋方可进行锻炼<br>5. 客人如需租鞋，询问客人穿多大号鞋并告知价格，并提供一次性袜子<br>6. 如客人需要收费饮料（冰镇或是常温）、茶水，应告知客人相应价格并询问客人橱号，为客人到吧台取饮料，告知客人离开时在服务台结账，并将此信息及手牌号告知服务台人员<br>7. 如客人需要纯净水，视情况为客人取用<br>8. 若客人未带毛巾，应为客人送上一条长巾<br>9. 客人更衣完毕来到健身场所时，服务员应主动迎候，并向客人详细介绍各种健身项目。服务人员应主动为客人说明健身仪器的操作要领，并根据客人要求做示范<br>10. 对不熟悉器械的客人，详细介绍器械的使用方法，并给予详细指导<br>11. 对于做长期健身运动的客人，可按照客人的要求为其制订健身计划，并为客人做好健身记录<br>12. 客人健身时，细心观察场内情况，及时提醒客人应注意的事项，并采取安全措施<br>13. 根据客人的需要，在客人运动时可播放符合其运动节奏的音乐<br>14. 客人运动间隙，应主动递上毛巾，并为客人提供饮料服务<br>15. 客人在运动过程中发生意外伤害时，服务员应积极采取有效措施进行处理 |
| 送客与客后整理服务 | 1. 协助客人办理结账手续<br>2. 提醒客人不要遗失物品，并帮助客人穿戴好衣帽<br>3. 将客人送至健身房门口并礼貌向其道别，欢迎客人下次光临<br>4. 检查有无遗留物品，如客人有遗留物品，应及时交给吧台<br>5. 做好一客一整理的卫生 |

## 二、健身器材管理工作规范

为规范健身器材的安装、使用与维护管理工作,健身房员工应遵循以下工作规范,如表 2-5 所示。

表 2-5 健身器材管理工作规范

| 项目 | 工作规范 |
| --- | --- |
| 安装位置 | 健身器材应安装在合适的位置,并保留相应的安全距离 |
| 机械电压 | 电动器材使用的电压须与使用场地的电压一致。如进口器材要求电压有异,需使用变压器调整电压 |
| 机械时长 | 根据器材的性能指标,制定机械的单次使用最长时间,器材不能超时工作 |
| 规程操作 | 严格按照健身器材的运行操作规程进行操作 |
| 维护保养 | 健身器材维护,按照机械说明规程操作 |

# 任务四　健身服务与管理技能训练

### 实训目标

通过实地考察,使学生学会健身服务项目相关技能。

### 实训内容

走访校企合作的高星级酒店,了解健身房岗位设置及各岗位服务人员的岗位职责,观摩各岗位的对客服务情况。

### 实训步骤

第一步:教师下达实训任务书,并作讲解说明。

第二步:将班级分成 4~5 个小组,每组 4~5 人,每组根据"健身服务项目技能实训任务书"内容,选择 3~4 个问题,实地考察酒店康乐部健身房服务项目,通过现场观察,参与实践,访谈专业人员,查找资料,分析讨论,形成问题答案。

第三步:各小组在班级分享调查结果。

第四步:教师归纳分析,总结成果。

### 实训成果

提交实训报告。

## 健身服务项目技能实训任务书

组名：_____  组员姓名：_____  日期：_____

1. 怎样制订并完成健身房营收计划？
2. 健身房新员工需要掌握哪些技能？
3. 制订一份健身房员工月度排班表。
4. 怎样召开班前会及部门例会？
5. 怎样有效对健身服务各岗位的员工进行管理？
6. 如何向客人做好推销办卡服务？
7. 选取一类顾客，针对性地设计一份健身训练方案。
8. 健身服务应注意哪些事项？
9. 客人在健身房吸烟，应如何劝阻？
10. 客人过度使用健身器材时，健身房工作人员应怎样做？
11. 客人意外受伤时，健身房工作人员应如何应对？
12. 健身房的经营管理应如何适应未来发展趋势？

## 案例分析

### 换个音乐

王小姐入住开元某五星级酒店。一天下午，王小姐来到健身室选择一对一方式练习瑜伽。王小姐躺在瑜伽垫上，跟着指导教师练习，其间健身室特别播放了背景音乐。此次播放的音乐并非自然界的声音，而是有些沉闷的音乐。由于王小姐一向不喜欢这种风格的音乐，于是她对指导教师说："能不能帮我换个音乐？我不喜欢这个！""这个音乐是总台放的，我也没办法！"指导教师答道。王小姐听后没说什么，但等了一会儿，王小姐还是忍不住说："那你帮我把这个房间的音响关了吧。"这一次，指导教师没有回答而是直接去关了音乐。王小姐结完账后马上向健身房领班投诉了该指导教师。

## 思考并回答

1. 如果你是该健身房领班，你会如何处理该顾客的投诉？
2. 如果你是该指导教师，你会如何应对王小姐的要求？
3. 为了避免顾客不喜欢健身室的背景音乐，你有什么好建议？

## 任务评价表

组名：_____  组员姓名：_____  日期：_____

| 学习目标 | 评价内容 | 自评 ||| 组评 ||| 师评 |||
|---|---|---|---|---|---|---|---|---|---|---|
| | | 优 | 良 | 中 | 优 | 良 | 中 | 优 | 良 | 中 |
| 知识目标 | 掌握健身运动的服务知识 | | | | | | | | | |
| | 熟悉健身运动器械的分类及健身房的区域功能 | | | | | | | | | |
| | 熟悉健身服务程序与规范 | | | | | | | | | |
| | 熟悉健身房各岗位的工作职责及任职资格 | | | | | | | | | |
| 能力目标 | 能够掌握健身运动器材的使用方法 | | | | | | | | | |
| | 能够为客人提供健身运动项目服务 | | | | | | | | | |
| | 能够处理健身服务中遇到的常见问题 | | | | | | | | | |
| | 能够讲述健身房各岗位的职责要求 | | | | | | | | | |
| 素养目标 | 具有团队协作参与对客服务的意识 | | | | | | | | | |
| | 具有主动学习，勇于实践的品质 | | | | | | | | | |
| | 具有认真负责、爱岗敬业的工作态度 | | | | | | | | | |
| | 具有开朗、乐观、向上的职业心态 | | | | | | | | | |
| 任务单 | 内容完整正确 | | | | | | | | | |
| | 书写规范清楚 | | | | | | | | | |
| | 思路清晰、层次分明 | | | | | | | | | |
| 小组合作 | 小组工作氛围融洽 | | | | | | | | | |
| | 成员相互配合密切 | | | | | | | | | |
| | 小组全员参与 | | | | | | | | | |

整体评价： 优秀：☐　　良好：☐　　达标：☐

教师建议：

# 项目二
# 游泳项目服务与管理

线上学习资料

游泳是在不同设施不同形式的泳池内，依靠自身浮力在水中运动前进的技能。它可以增强心肺器官功能，增强免疫力，提高抵抗力，使人形体健美、身心舒畅。

### 知识目标

1. 掌握游泳运动的服务知识
2. 熟悉游泳运动的服务流程与规范
3. 知晓游泳运动的相关规则
4. 熟悉游泳馆各岗位的工作职责及任职资格

### 能力目标

1. 能够为客人讲述游泳池的功能分区及运动的注意事项
2. 能够为客人提供规范的游泳运动服务
3. 能够处理游泳运动服务中遇到的常见问题
4. 能够讲述游泳池各岗位的职责要求

### 素养目标

1. 具有团队协作参与对客服务的意识
2. 具有主动学习，勇于实践的品质
3. 具有认真负责、爱岗敬业的工作态度
4. 具有低碳、绿色、节能环保的意识

### 实训项目

设计酒店游泳运动的对客服务情景。

### 项目目标

将班级学生分成若干小组，每组独立完成项目设计。每组成员用中/英文现场模拟演示本组设计的情景。

# 任务一 游泳运动

## 一、游泳池简介

游泳池是高档酒店不可缺少的康乐设施，游泳也是所有康体休闲运动项目中最受人喜爱的运动项目之一。游泳池是游泳场所最主要的设施，通常游泳馆内包括存放衣物和贵重物品的柜子、淋浴间、洗脚消毒池、戏水池、水滑梯、冲浪池、健身池等，酒店游泳池根据建造和功能的不同，可分为室内、室外、室内外综合等多种类型。

游泳是一项充分利用自然条件如日光、空气、水进行身体锻炼的运动。它不仅能使游泳者的呼吸系统和血液循环系统机能得到改善，增强肌肉的力量，而且对提高神经系统的机能以及耐力和全身各关节的灵活性也有显著的作用，从而有效地增强体质。

## 二、设施设备

### （一）游泳池

标准游泳池长50米、宽25米，游泳池分设深水区和浅水区，浅水区1.3米，深水区不浅于1.8米，池底设低压防爆照明灯，底部铺满瓷砖，在合适的位置装有泳池梯。泳池四周有排水沟道、防滑的地台胶，并设有池水自动循环过滤、池底清洁系统和消毒系统等。室内游泳池另有加热系统，泳池入口处设置洗脚消毒池，儿童池深度不超过0.5米。

### （二）排水沟

排水沟在距池边25厘米处，上铺箅子，水位可漫过池边的箅子，以利于循环过滤。

### （三）池底横线标志

在5米、25米、45米处池底各画一条25厘米宽的红色横线，以便游泳者识别游程。

### （四）池底直线标志

每条水道中心池底部应有清晰的黑色底线标志，它可以使游泳者沿直线向目标游近。

### （五）池端目标标志线

在各泳道中间端点，从泳池的上缘一直到池底，设一条宽 20～30 厘米的垂直线，以便于游泳者识别端点。

### （六）水线

在每条泳道的水面上，用彩色水线连接出发台和端点，在距池端 5 米处，用红色或区别于水线的其他颜色作为转身标志。

## 三、游泳的基本姿势

游泳分为竞技游泳、实用游泳和花样游泳，国际游泳竞赛规则中的游泳姿势项目包括仰泳、蛙泳、自由泳、蝶泳。

### （一）仰泳

仰泳是人体仰卧在水中进行游泳的一种姿势，有较长的历史，在 1794 年就有了关于仰泳技术的记载。直到 19 世纪初，仰泳时采用的仍是两臂同时向后划水，两腿做蛙游的蹬水动作。1921 年仰泳技术初步形成。由于仰泳时头部可露出水面，呼吸方便，且躺在水面上比较省力，因此深受中老年人和体质较弱者的喜爱。

### （二）蛙泳

蛙泳是一种模仿青蛙在水中游动的泳姿，也是一种比较古老的游泳姿势。18 世纪，在欧洲被称为"青蛙泳"。因速度较慢，在 20 世纪初的自由泳比赛中，蛙泳速度不快，蛙泳技术受到排挤。随后国际泳联规定了泳姿，蛙泳技术才得以发展。在 1904 年第三届奥运会时，蛙泳成为独立的比赛项目。

此外，由于这种泳姿容易观察目标、动作隐蔽、声音小，其实用价值很大，长期以来被用于渔猎、水上搬运、救护等。

### (三)自由泳

自由泳又名爬泳,是一种人在水中呈俯卧姿势,两腿交替上下打水,两臂轮流划水,动作很像爬行的游泳姿势。自由泳是四种泳姿中速度最快的一种。

1844年,自由泳第一次出现在伦敦的一次游泳比赛。一个南美印第安选手用这种泳姿轻松击败了使用蛙泳的英国选手。1870—1890年,英国游泳选手特拉金从南美洲的印第安人那里学来了爬泳,但当他参选英国比赛时,他错误地使用了蛙泳的踢腿动作。此后,他的这种泳姿被称为"特拉金式"姿势,由于这种姿势比蛙泳快,于是英国人很快接受了它并成为主流姿势。后来在澳大利亚该泳姿有所改进,被称为"澳大利亚爬泳"。

### (四)蝶泳

蝶泳又名"海豚泳",蝶泳是由蛙泳演变而来的。在1937—1952年的游泳比赛中,一些运动员采用两臂划水到大腿后提出水面,再从空中迁移的技术,从外形看很像蝴蝶飞舞,所以被称为"蝶泳"。

蝶泳是四种竞技游泳姿势中最后发展起来的。1956年,奥运会将蝶泳作为独立项目进行比赛。蝶泳技术较复杂,游起来比较费力。

## 四、游泳比赛规则

### (一)仰泳

(1)运动员面对出发端,两手抓住握手器,两脚完全处于水面。
(2)游泳过程中呈仰卧姿势。
(3)到达终点时必须以仰卧姿势单手触壁。

### (二)蛙泳

(1)出发和转身后,身体保持俯卧姿势,两肩与水面平行。
(2)两臂和两腿所有动作须同时且在水面上进行,不得有交替动作。
(3)蹬腿过程中,两脚必须做外翻动作。

### (三)爬泳

(1)可以在比赛中采用任何泳姿。
(2)转身和到达终点时,必须用身体某一部位触池壁。

### (四)蝶泳

(1) 任何时候都不允许转成仰泳姿。
(2) 两臂必须在水面上同时向前摆动。
(3) 两脚动作必须同时,不允许有交替动作。

## 任务二　游泳项目岗位职责及任职要求

酒店康乐部的游泳池主要管理岗位为领班,下属岗位分别是服务员、救生员、水质净化员和教练员等。他们共同组成了游泳池的对外服务体系,如图 2-2 所示。

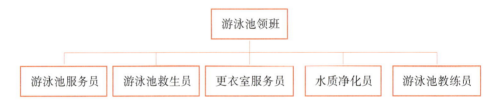

图 2-2　游泳池组织结构图

### 一、游泳池领班

游泳池领班是游泳池具体工作的执行者和督导人员。在康乐部主管的直接领导下,带领游泳池员工开展对客服务,如表 2-6 所示。

表 2-6　游泳池领班任职要求及岗位职责

| 内容 | 细　则 |
| --- | --- |
| 上下级关系 | 直接上级：康乐部主管<br>直接下级：游泳池服务员、救生员、更衣室服务员、水质净化员、泳池教练员 |
| 岗位概述 | 在康乐部主管的领导下,带领员工按照游泳池岗位操作流程开展对客服务 |
| 任职资格 | 1. 学历要求：高中（中专）及以上学历<br>2. 体貌要求：身体健康,五官端正<br>3. 外语水平：具有基础的英语沟通能力<br>4. 培训记录：参加过酒店新员工入职培训及部门岗位技能培训<br>5. 工作经验：有 2 年以上泳池工作经验<br>6. 基本素质：能指导员工为客人提供规范的泳池服务；有一定的销售意识及管理水平,熟悉电脑操作；有良好的团队协作能力、沟通能力、服务意识及管理能力,具有良好的敬业精神 |

(续表)

| 内容 | 细 则 |
|---|---|
| 岗位职责 | 1. 负责制订游泳池的营业计划，经批准后执行<br>2. 负责制订游泳池员工岗位技能培训计划，批准后协助培训部实施、考核<br>3. 负责救护员、教练员、服务员的工作岗位调配，报康乐部主管批准后执行并转入人力资源部备案<br>4. 负责布置救护员、教练员、服务员工作任务<br>5. 巡视检查游泳池的各项工作，记录救护员、教练员、服务员的考勤情况<br>6. 填写救护员、教练员、服务员的过失单和奖励单，根据权限，按照项目进行处理<br>7. 关心救护员、教练员、服务员的思想动态、工作生活等<br>8. 负责每日召集救护员、教练员、服务员进行营业前布置、营业后总结<br>9. 负责处理救护员、教练员、服务员在工作中的问题<br>10. 负责巡视、检查游泳池的各项工作 |
| 岗位职责 | 11. 向游泳池的客人说明有关规定和注意事项，劝阻客人的违规行为和不文明举动，维持游泳池的营业秩序<br>12. 拒绝不符合规定的客人进入游泳池<br>13. 受理客人对游泳池工作人员的投诉，按照项目进行处理<br>14. 根据服务员提供的记录，整理出客人消费的账单，按照项目请客人付款或签单<br>15. 审批报修单，检查维修的结果，掌握设备运作的状况<br>16. 记录游泳池营业状况的流水账，统计每日的营业额以及成本费用<br>17. 按照工作项目做好与相关部门的横向联系<br>18. 完成主管交办的其他事宜 |

## 二、游泳池服务员

服务人员是游泳池为客人提供优质服务的基础保障，游泳池因其特殊性，其服务人员应具备以下任职资格和承担以下岗位职责，如表 2-7 所示。

表 2-7　游泳池服务员任职要求及岗位职责

| 内容 | 细 则 |
|---|---|
| 上下级关系 | 直接上级：游泳池领班<br>直接下级：无 |
| 岗位概述 | 在康体中心领班的领导下，严守岗位纪律，做好游泳池宾客服务 |
| 任职资格 | 1. 学历要求：高中（中专）及以上学历<br>2. 体貌要求：身体健康，五官端正<br>3. 外语水平：具有基础的英语沟通能力<br>4. 培训记录：参加过酒店新员工入职培训及部门岗位技能培训<br>5. 工作经验：有 1 年以上泳池工作经验，或相关专业院校毕业<br>6. 基本素质：经过专业游泳训练培训，能指导客人正确使用游泳池内各项设施设备，具有酒店产品推销能力，拥有人际关系处理能力，能处理好与客人的关系 |

(续表)

| 内容 | 细则 |
|---|---|
| 岗位职责 | 1. 为客人提供细致、周到、规范的游泳池接待服务<br>2. 为客人提供饮料、休闲食品以及其他服务<br>3. 填写服务记录，负责清场工作<br>4. 做好消费者的接待服务工作，并注意对各科种票据的保管，以备领导核查<br>5. 负责游泳池场地的环境卫生清洁工作，保持卫生整洁、空气清新，各项卫生指标符合卫生标准要求<br>6. 负责营业前的各项准备工作，每天按时准备好各项营业用品，如需补充应及时申领，保证营业供应<br>7. 负责维护、保养游泳池的各项服务设施、设备，保证其正常运转 |
| 岗位职责 | 8. 指导客人做好入池前的各项准备工作，并向客人讲明游泳池的区域划分，提醒客人注意安全<br>9. 监视游泳池内的动向，及时处理游泳池内发生的意外事故<br>10. 认真执行酒店的交接班制度，做好交接班工作记录 |

## 三、游泳池救生员

游泳池救生员必须是经过专业游泳训练，参加过游泳救生培训，并持有救生员上岗证的专业人员，是宾客生命安全的守护神，需选用素质高、责任心强的人员担任，如表2-8所示。

表2-8 游泳池救生员任职要求及岗位职责

| 内容 | 细则 |
|---|---|
| 上下级关系 | 直接上级：游泳池领班<br>直接下级：无 |
| 岗位概述 | 在游泳池领班的领导下，严守岗位纪律，确保宾客的生命安全 |
| 任职资格 | 1. 学历要求：高中（中专）及以上学历<br>2. 体貌要求：身体健康，五官端正<br>3. 外语水平：具有基础的英语沟通能力<br>4. 培训记录：参加过酒店新员工入职培训及部门岗位技能培训<br>5. 工作经验：有1年以上救生工作经验，或相关专业院校毕业<br>6. 基本素质：必须经过专业游泳训练和游泳救生培训，持有救生员上岗证，有实践经验 |
| 岗位职责 | 1. 熟练掌握并执行酒店的制度和操作规范<br>2. 严格遵照酒店安全制度，熟练掌握紧急情况处理程序<br>3. 积极参与部门的经营促销计划，与宾客建立良好的关系，稳定客源市场<br>4. 积极参加每周一次的救生员专业技能培训 |

| 内容 | 细　　则 |
|---|---|
| 岗位职责 | 5. 负责游泳池的卫生清洁工作，视池底清洁程度，用水下吸尘机进行吸尘，及时刷去池底青苔，确保池底无杂物和垃圾<br>6. 每隔 4 小时清洗浸脚池，投放消毒水，使其余氯含量达到 5～10 mg/L<br>7. 做好水质检测工作，准确填写水质告示牌，池水余氯含量控制在 0.3～0.5 mg/L<br>8. 有高度的安全意识，未经允许不擅自离岗，坚守岗位，人不离池，思想集中，反应灵活，注意观察池内泳客情况，发现危险情况及时抢救，保证泳客的生命安全<br>9. 提醒客人注意保管好私人物品，发现遗留物及时上交<br>10. 负责做好结束工作，关闭电源开关<br>11. 完成领班交办的其他事宜 |

## 四、游泳池更衣室服务员

游泳池更衣室服务员直接面对客人，服务内容关系到客人的人身和财产安全，是康乐部游泳池服务的关键人员，需选用思想品德好、专业素质强的人员担任，如表 2-9 所示。

表 2-9　游泳池更衣室服务员任职要求及岗位职责

| 内容 | 细　　则 |
|---|---|
| 上下级关系 | 直接上级：游泳池领班<br>直接下级：无 |
| 岗位概述 | 在游泳池领班的领导下，按照岗位要求，认真做好更衣室的宾客服务 |
| 任职资格 | 1. 学历要求：高中（中专）及以上学历<br>2. 体貌要求：身体健康，五官端正<br>3. 外语水平：具有基础的英语沟通能力<br>4. 培训记录：参加过酒店新员工入职培训及部门岗位技能培训<br>5. 工作经验：有 1 年以上酒店工作经验，或相关专业院校毕业<br>6. 基本素质：主动、热情，经过专业培训，有游泳池服务的实践经验 |
| 岗位职责 | 1. 认真做好泳客登记、发放更衣柜钥匙和浴巾的工作<br>2. 负责游泳客人更衣室更衣的服务工作<br>3. 坚守岗位，注意出入更衣室客人的动态，对客人的生命和财物负责，发现情况及时处理和汇报 |

(续表)

| 内容 | 细则 |
| --- | --- |
| 岗位职责 | 4. 负责为客人发放毛巾，即浴巾、长巾、方巾，方便客人游泳和游泳完后洗澡用<br>5. 对遗留物品要做好登记和上交工作，负责游泳池物品补充、统计和填写"交班本"<br>6. 客人离开泳池时，要注意提醒客人带好随身物品<br>7. 负责提供饮料和送餐服务<br>8. 负责更衣室设备保养和报修工作 |

## 五、游泳池水质净化员

游泳池水质净化员担负游泳池水质健康安全的重任，需选用经过专业培训，工作认真、操作规范、责任心强的员工担任，如表2-10所示。

表2-10　游泳池水质净化员任职要求及岗位职责

| 内容 | 细则 |
| --- | --- |
| 上下级关系 | 直接上级：游泳池领班<br>直接下级：无 |
| 岗位概述 | 在游泳池领班的领导下，按照岗位要求，认真做好游泳池水质净化工作 |
| 任职资格 | 1. 学历要求：高中（中专）及以上学历<br>2. 体貌要求：身体健康，五官端正<br>3. 外语水平：具有基础的英语沟通能力<br>4. 培训记录：参加过酒店新员工入职培训及部门岗位技能培训<br>5. 工作经验：有1年以上酒店工作经验，或相关专业院校毕业<br>6. 基本素质：具有对游泳池设施设备进行基础维护保养的能力，取得职业资格证书，能按服务工作规范和质量标准独立进行工作，具有良好的敬业精神 |
| 岗位职责 | 1. 自觉遵守劳动纪律，严格执行请示汇报制度<br>2. 服从领班的工作安排，认真做好游泳池的水质净化和环境卫生等各项工作<br>3. 上岗前认真检查设施、设备、用品和水质情况，确保游泳池及救生设施、设备完好、有效，发现问题及时处理<br>4. 熟悉池水净化工作，熟练掌握机房内机械设备的性能及操作规程，并负责保养与检查，发现问题及时报修，以确保运转正常<br>5. 有不断钻研业务的精神，保证池水清澈、透明、无杂物、无沉淀物、无青苔，水质符合国际卫生标准。药物控制：次氯酸钠为 0.5～1 mg/L，pH 值为 7～7.8，每日做好水样分析化验，并根据当天的数据来控制药用量，化验单交台班<br>6. 负责游泳池机房、桑拿机房、工具房的清洁卫生和净化物品、净化工具的保管<br>7. 负责制订净化药物和其他物资补充的计划（次氯酸钠应提前十天申请），上报仓管员<br>8. 做好交接班工作 |

## 六、游泳教练员

游泳教练员是游泳池培训业务及客源增长的关键因素之一,名师出高徒,优秀的游泳教练员需具有以下任职资格和承担以下岗位职责,如表 2-11 所示。

表 2-11 游泳教练员任职要求及岗位职责

| 内容 | 细则 |
| --- | --- |
| 上下级关系 | 直接上级:游泳池领班<br>直接下级:无 |
| 岗位概述 | 在游泳池领班的领导下,为会员提供专业、规范、个性化的指导,以满足宾客多方面的训练要求,达到最佳训练效果 |
| 任职资格 | 1. 学历要求:高中(中专)及以上学历<br>2. 体貌要求:身体健康,五官端正<br>3. 外语水平:具有基础的英语沟通能力<br>4. 培训记录:获得游泳救生员、游泳教练资格证<br>5. 工作经验:有多年从事运动专业的培训及辅导课程经历<br>6. 基本素质:拥有较强的游泳运动专业知识和技能,吃苦耐劳,责任心强 |
| 岗位职责 | 1. 熟练掌握并执行酒店的制度和操作规范<br>2. 严格遵守酒店安全制度,熟练掌握紧急情况处理程序<br>3. 积极参与部门的经营促销计划,与宾客建立良好的关系,稳定客源市场<br>4. 为游泳池客人提供教练、陪练服务<br>5. 负责游泳池救生员的专业技能培训<br>6. 参与策划会员游泳活动,组织会员参加游泳运动竞赛<br>7. 为会员提供游泳指导,并按会员要求为其制定个性化的游泳运动计划,并作好书面记录<br>8. 完成领班交办的其他事项 |

# 任务三 游泳项目服务流程与规范

## 一、游泳池的服务流程与规范

游泳中心是酒店康乐部的主要服务部门,按照服务流程和服务规范,为客人提供优质的服务,如表 2-12 所示。

表 2-12　游泳池服务流程与服务规范

| 服务流程 | 服务规范 |
| --- | --- |
| 岗前准备 | 1. 穿好工服，佩戴胸卡，整理好自己的仪容仪表，提前到岗，向领班报到，参加班前会，接受领班检查及分工<br>2. 检查游泳池水质和水温。先对池水进行水质化验，合理投放氯酸钠和明矾，开启水循环过滤泵。对池水消毒一个小时左右，达到净化标准，室内游泳池水温控制在 26～28℃，余氯控制在 0.5 mg/L 左右，pH 值在 6.5～7.8，尿素含量不得超过 3.5 mg/L，大肠菌群不得超过 18 个/L。泳池水质需每两小时检测一次，并完成台账登记。视天气情况，打开窗户和照明灯。浸脚池每 4 小时更换一次水。将每天消毒、测试情况填写在记录本上<br>3. 将水质、水温情况填写在公告栏上，如是室内游泳池，还应向客人公布室内温度、湿度<br>4. 整理池边座椅和躺椅，清理池边杂物。打捞水中杂物，用水下吸尘器吸除水底沉积物<br>5. 冲洗、刷洗游泳池和净脚池，放满水并适量加药，使其达到卫生标准<br>6. 清洁游泳池边的瓷砖、跳台、淋浴间的地面、镜子和卫生间的洁具。用消毒液以 1:200 的比例兑水后对池边桌椅等进行消毒<br>7. 检查更衣室、救生器材和其他服务设施设备是否齐全、安全<br>8. 将各种表格及必需品准备齐全，放于规定的位置<br>9. 及时查看交接班记录，办理相关事宜 |
| 预订服务 | 1. 接待客人预订时，服务态度应主动热情，并使用服务规范用语<br>2. 准确记录客人的相关信息，包括客人的姓名、房号、使用时间<br>3. 复述客人的信息，进行确认 |
| 迎客服务 | 1. 游泳馆服务人员要站在入口处，准确运用迎送用语，礼貌地迎接客人<br>2. 客人到来时，吧台服务员应面带微笑，主动、热情地问候客人，向客人详细介绍游泳馆的各项服务设施和服务项目<br>3. 根据客人要求为客人办理登记、记账手续，准确记录客人的姓名、房号、到达时间、更衣柜号码等<br>4. 办理押金手续，给客人发放更衣柜钥匙，并为客人指示更衣柜方位<br>5. 及时询问客人是否有泳帽，应注意观察客人是否为需要特殊关照的人群 |
| 泳池服务 | 1. 主动为客人提供拖鞋和浴巾。提醒客人将更衣柜锁好，以免物品遗失<br>2. 告诉客人由强制喷淋通道和消毒浸脚池通过进入游泳池，并提醒客人做简单的准备活动<br>3. 客人游泳时，服务员和救生员应不时巡视各种设施设备运行情况，同时应密切注意水中的情况，如果发现异常，应及时救护<br>4. 根据客人需要，适时提供饮料和食品，开好饮料食品单，写明种类、数量、名称，用托盘送到客人面前<br>5. 为需要救生圈的客人办理租用手续并交给客人<br>6. 注意及时擦干台面和地面的水迹，以免客人滑倒。将客人的拖鞋码放整齐，客人使用过的浴巾、纸杯及时收起，保持泳池干净、整洁<br>7. 保持洗浴间的整洁，及时收拾杂物，清洁摆放洗浴用品的台面、皂碟等<br>8. 保持卫生间的清洁，及时更换纸篓中的垃圾袋、清洁坐便器、补充厕纸、喷洒除异味剂 |

(续表)

| 服务流程 | 服务规范 |
|---|---|
| 泳池服务 | 9. 保持更衣室的清洁，及时收拾杂物和拖鞋，若发现更衣柜上有遗留的钥匙时，应立即交给服务台并做好登记，以便客人查询遗失物品<br>10. 保持游泳场内的整洁，及时为客人更换烟灰缸，添加饮料，擦干躺椅和桌面上的水迹等 |
| 结账服务 | 1. 客人结束游泳时，主动引领客人到淋浴室<br>2. 客人示意结账时，提醒客人交还更衣柜钥匙及将租用的救生圈给服务台，提醒客人不要忘记随身物品，并协助客人到收银台结账<br>3. 如果客人要求挂单，收银员要请客人出示房卡并与前台收银处联系，待确认后请客人签字并认真核对客人的笔迹，如果未获前台收银处同意或认定笔迹不一致，则请客人以现金结付 |
| 送别客人 | 1. 送客人至门口，礼貌地向客人道别，并欢迎客人下次光临<br>2. 客人离开后，服务员应立即检查更衣柜里有无客人遗留物品<br>3. 做好更衣室的整洁工作 |

## 二、游泳馆售卡流程与规范

客人到吧台办理游泳卡的接待规范如表 2-13 所示。

表 2-13 游泳池售卡服务流程与服务规范

| 服务流程 | 服务规范 |
|---|---|
| 介绍 | 如果客人提出购买意向，拿出价目表，详细为客人介绍各种游泳卡、会员卡 |
| 推荐 | 详细为客人推销适合客人的游泳卡，并告知有效期 |
| 填写 | 客人提出办卡，请客人填写"宾客登记表"上的相关信息 |
| 告知 | 将已确认无误的游泳卡交给客人，并在包装袋上填写有效期，告知客人该卡不记名、不挂失 |
| 办理 | 询问客人如何结账，顺利为客人结账，视情况为客人开具发票，在发票上填写相关单位或个人名称 |
| 送卡 | 礼貌地将卡递给客人 |
| 存档 | 在游泳卡售卖本上填写相关信息，以便为忘记卡号的客人查明。收银"交班本"上填写售卖游泳卡的号码、次数，以便交接 |

## 三、更衣室服务流程与规范

为加强对更衣室的管理，康乐健身中心的游泳馆、健身项目服务员应遵循以下服务流程和工作规范，如表 2-14 所示。

表 2-14 游泳池更衣服务流程与服务规范

| 服务流程 | 服务规范 |
| --- | --- |
| 岗前准备 | 仔细检查物品设施设备：<br>1. 梳妆台物品齐全，吹风机安全有效，镜面干净，地面洁净无垃圾、无水迹，墙面无灰尘<br>2. 检查更衣室垃圾、布草筐布草、长条凳无毛刺、断裂，更衣柜锁有效，更衣柜无堆放物，地面洁净无垃圾、无水迹，墙面无灰尘<br>3. VIP 房间台面备有洗发膏、沐浴露、护发素等 |
| 对客服务 | 1. 当有客人需要时，服务员主动询问客人的更衣柜是几号，帮客人打开更衣柜后，将拖鞋取下，摆放至客人方便更换鞋子的地方。留意客人的特征，尽量记住客人的柜号，以便巡视时核对<br>2. 对常客与重要客人的喜好做好记录，及时告知吧台做好客史档案。根据客史档案提供个性化服务。主动向客人全面介绍区域内的设施设备和使用方法，以及其他的消费项目<br>3. 锁好门锁，客人走后要帮客人检查门锁是否锁好，并及时告知客人更衣柜已经锁好<br>4. 提醒游泳的客人先淋浴后游泳<br>5. 提醒客人穿好拖鞋，以防滑倒<br>6. 如客人丢失钥匙，劝说客人不要着急，尽力在客人曾经逗留过的地方帮助客人找回，如确定钥匙为客人丢失，用万能钥匙帮助客人打开门锁，但要告知客人须赔偿钥匙的更换费用<br>7. 对于在更衣室逗留时间较长的客人要保持警惕，以防发生偷盗事件<br>8. 如发现客人有撬锁行为，一定要与客人核实是否为其本人的更衣柜，并予以制止，以防弄坏更衣柜。如客人不能证实所撬更衣柜是其本人的更衣柜，不要让客人离开，立即上报领导处理 |
| 客人离开后的服务 | 1. 检查有无遗留物品，如有遗留物品，捡拾者需做登记，及时交给吧台签收或由当值管理人员进行处理<br>2. 更换客人用过的拖鞋，将用过的拖鞋放入消毒桶内消毒。消毒时间至少为 30 分钟<br>3. 及时整理化妆台、更衣室、更衣柜、淋浴间的卫生<br>4. 整理好更衣柜后将钥匙送回吧台 |

## 四、游泳池水质净化与卫生清洁规范

游泳池的水质净化和卫生管理需遵循以下规范，如表 2-15 所示。

表 2-15　游泳池水质净化与卫生清洁流程与服务规范

| 项目 | 服务规范 |
|---|---|
| 晚上消毒清洁 | 游泳池停止开放后，通过自动加药泵向泳池添加相关消毒清洁药品，进行池水净化和消毒 |
| 早上池水净化 | 对宾客开放前要进行池水净化，即吸尘去掉水面杂物和池边污渍，做好泳池周围环境卫生 |
| 投放消毒药 | 净化池水要先投放次氯酸钠，过两小时后再投放碱式氯化铝。注意若投放次氯酸钠消毒就不能投放硫酸铜，避免因化学作用而引起游泳池水面变色 |
| 药物控制 | 根据泳池的大小，次氯酸钠投放量控制在 0.5～1 mg/L，pH 值控制在 6.5～7.8，池水清澈透明，呈浅蓝色 |
| 泳池清洁 | 泳池环境卫生必须在每天开放前和停止开放后，用自来水冲洗地面。在开放过程中如发现有客人遗弃的杂物时，及时进行处理，以保持泳池环境卫生的整洁美观 |
| 物品整理 | 将泳池四周的咖啡台、座椅、躺椅、茶几等擦干净，整理整齐。若是露天泳池，遮阳伞要收起来集中存放在器具室 |

## 五、结束工作

游泳池每天的结束工作需按以下要求进行，如表 2-16 所示。

表 2-16　游泳池结束工作规范

| 项目 | 细则 |
|---|---|
| 清理场地 | 客人离场后，应及时检查、清洁更衣柜，查看有无客人遗忘的东西，每班结束后，将查清的钥匙分单双号登记在交接班本上。盘点吧台酒水，做好每日营业日报表。关好机房电源、门窗 |
| 收拾物品 | 将用过的布件运到指定地点，对游泳池周围、过道、沐浴场地的地面进行冲洗，收起遮阳伞，整齐地放于指定的位置 |
| 清洁卫生 | 用洁布清洗游泳池边的瓷砖、跳台、泳池梯等，清洁淋浴间的地面、镜子和卫生间的洁具。检查客用设施、设备是否完好，如有损坏及时报告工程部 |

# 任务四　游泳服务与管理技能训练

**实训目标**

通过实地考察，使学生学会游泳服务相关技能。

**实训内容**

走访校企合作的高星级酒店,了解游泳池岗位设置及各岗位服务人员的岗位职责,观摩各岗位的对客服务情况。

**实训步骤**

第一步:教师下达实训任务书,并作讲解说明。

第二步:将班级分成4~5个小组,每组4~5人,每组根据"游泳服务项目技能实训任务书"内容,选择3~4个问题,实地考察酒店康乐部游泳项目,通过现场观察,参与实践,访谈专业人员,查找资料,分析讨论,形成问题答案。

第三步:各小组在班级分享调查结果。

第四步:教师归纳分析,总结成果。

**实训成果**

提交实训报告。

## 游泳服务项目技能实训任务书

组名:_____ 组员姓名:_____ 日期:_____

1. 制订一份康乐部游泳池的营收计划。
2. 游泳部新员工需要掌握哪些技能?请制订一份培训计划。
3. 制订一份月度游泳池员工排班表。
4. 组织召开班前会及部门例会。
5. 怎样对游泳服务部各岗位的员工进行有效管理?
6. 怎样进行物品收领?
7. 怎样做好客人钥匙牌的管理?
8. 怎样对客人做好游泳池推销办卡服务?
9. 怎样对客人做好饮料销售服务?
10. 怎样做好游泳池的清洁卫生?
11. 怎样处理游泳池的客人投诉?
12. 怎样处理客人溺水突发事件(含预案)?

## 案例分析

### 赤膊客人走向公共区域

在开元某酒店，一个炎热的夏日，游泳池服务员小王正在有条不紊地进行着日常工作，突然发现一名男客人打着赤膊从更衣室走出来，手上的T恤卷成一团，晃悠悠地向客用公共区域走去……

## 思考并回答

1. 如果你是小王，你该怎么办？
2. 如何避免此类事件再次发生？

## 任务评价表

组名：_____　　　组员姓名：_____　　　日期：_____

| 学习目标 | 评价内容 | 自评 | | | 组评 | | | 师评 | | |
|---|---|---|---|---|---|---|---|---|---|---|
| | 评价内容 | 优 | 良 | 中 | 优 | 良 | 中 | 优 | 良 | 中 |
| 知识目标 | 掌握游泳部的服务知识 | | | | | | | | | |
| | 熟悉游泳部的服务流程与规范 | | | | | | | | | |
| | 知晓游泳运动的相关规则 | | | | | | | | | |
| | 熟悉游泳各岗位人员的工作职责及任职资格 | | | | | | | | | |
| 能力目标 | 能够为客人讲述游泳池的功能分区及运动的注意事项 | | | | | | | | | |
| | 能够为客人提供规范的游泳运动服务 | | | | | | | | | |
| | 能够处理游泳运动服务中遇到的常见问题 | | | | | | | | | |
| | 能够讲述游泳池各岗位的职责要求 | | | | | | | | | |
| 素养目标 | 具有团队协作参与对客服务的意识 | | | | | | | | | |
| | 具有主动学习、勇于实践的品质 | | | | | | | | | |
| | 具有认真负责、爱岗敬业的工作态度 | | | | | | | | | |
| | 具有低碳、绿色、节能环保的意识 | | | | | | | | | |
| 任务单 | 内容完整正确 | | | | | | | | | |
| | 书写规范清楚 | | | | | | | | | |
| | 思路清晰、层次分明 | | | | | | | | | |
| 小组合作 | 小组工作氛围融洽 | | | | | | | | | |
| | 成员相互配合密切 | | | | | | | | | |
| | 小组全员参与 | | | | | | | | | |
| 整体评价 | 优秀：□　　良好：□　　达标：□ | | | | | | | | | |
| 教师建议 | | | | | | | | | | |

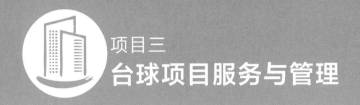

线上学习资料

台球是一种脑力与体力相结合的康体活动，运动量不大，是一项静中有动、动中有静的高雅运动。它能陶冶人的情操，培养人的意志力、忍耐力、自控力等，既是一种康体活动，又是一种交际活动。

### 知识目标

1. 掌握台球运动的服务知识
2. 熟悉台球运动的设备及保养知识
3. 熟悉台球运动的服务流程与规范
4. 熟悉台球室各岗位的工作职责及任职资格

### 能力目标

1. 能够掌握台球器材的使用方法
2. 能够为客人提供规范的台球项目服务
3. 能够处理台球服务中遇到的常见问题
4. 能够讲述台球室各岗位的职责要求

### 素养目标

1. 具有部门协作的团队意识
2. 具有顾客至上的服务意识
3. 具有踏实负责的工作态度
4. 具有理论与实践相结合的知行合一意识

### 实训项目

设计酒店台球运动的对客服务情景。

### 项目目标

将班级学生分成若干小组，每组独立完成台球项目设计。每组成员用中/英文现场模拟演示本组设计的情景。

# 任务一　台　球　运　动

## 一、台球简介

台球（billiard）是一种用球杆在台上击球，以击球进袋或球之间的撞击计分来判断输赢的室内娱乐体育项目，被称为"绅士的运动"，是所有球类项目中最为优雅的一种。

台球运动具有"静中有动、动中有静、急中见稳"的特点，要求参与者在思索中走动，走动中思索，这样就可以促进参与者的血液循环，加强机体的新陈代谢，有益于增进健康，提升体质。与其他娱乐项目相比，台球具有以下特点：

（1）与大部分球类运动需要大型的场地相比，台球运动场地面积相对较小。

（2）台球是一项室内球类运动，受季节、气候、天气、时间等因素的影响较小。

（3）台球是一种静动结合的高雅运动，运动强度不大，体能要求不是很高，适合于各个年龄段的客人。

（4）台球属于一种智力体育活动，要在运动时，对球势进行分析判断，训练大脑的理性思维能力。

（5）参加台球运动的人数较为灵活，可以一人进行练习，也可多人进行角逐。

（6）台球运动方法多样、规则多变、趣味性强，吸引了大量的爱好者。

## 二、台球的项目分类

台球流行于世界各国，从不同的角度有不同的分类方法，按照台球起源，分为英式台球、美式台球、法式台球。

### （一）英式台球

英式台球包括英式比例台球和斯诺克台球两大类，主要流行于英国、爱尔兰、加拿大等英联邦国家。

#### 1. 英式比例台球

英式比例台球又称为三球落袋式台球，属于基础类型的台球，是世界上正式比赛的项目之一。英式比例台球使用的球是一只红球，两只白球。为了区别两只白球，其中一只白球带有点或纹形。球台有6个网袋，台面分为内区和外区，在内区的半圆线内为开球区。在外区的中轴线上，标有红球基点、白球基点和白球备点。先开球一方应以带有点的白球作为自己的主球，对方则以全白球为主球。开球时，台面上只有一个红球放在红球基点上，开球一方可以把自己的主球置于开球区内任意一点开球。

英式比例台球计分方法为碰红自落得3分，碰白自落得2分，送红落袋得2分，送白落袋得2分，连碰双球得2分。把白球送入袋后，要立刻将其从网袋中取出，放在红球基点上，以备再打。当送红球入袋后，也可取出拿在手里等待获得击球权时再用。

### 2. 斯诺克台球

斯诺克台球是世界流行的主要台球项目之一。斯诺克英文是snooker，含义为障碍之意。此项运动使用的球桌长约3569毫米，宽1778毫米，斯诺克共用球22颗，其中1颗白球（主球）、15颗红球、6颗彩球（黄、绿、棕、蓝、粉、黑）。分值分别为：红球1分、黄球2分、绿球3分、棕球4分、蓝球5分、粉球6分、黑球7分。

台上半圆形区域为开球区，开球方可将白球摆在开球区的任何位置，每次击球后，白球停在什么位置，就必须接着由什么位置打起。打球方必须先打入一颗红球后，才能任选一颗分值高的彩球打；彩球打进后，需取出重新摆回其定位点；再打红球，红球打进后再打彩球，如此反复。红球全部入袋后，必须按照从低分值到高分值球的顺序打彩球，依次是黄球、绿球、棕球、蓝球、粉球和黑球。此时打进的彩球，不用再拿出来，直至所有彩球入袋，台面上只剩下白球，则比赛宣告结束。分高者为本局获胜者。

### （二）美式台球

美式台球又称美式普尔（也称鲁尔球），是在法式台球和英式台球之后形成的又一种新风格。它与英式台球和法式台球并驾齐驱，广泛地流行于西半球和亚洲东部。美式台球的规则与法式台球和英式台球相比较为大众化、普及化。美式台球包括8球制台球、9球制台球、芝加哥台球、普尔台球等种类。其中美式8球台球在我国是影响最大的，用同一颗主球（白色）及1—15号共15颗目标球，1—7号球为全色球，8号为黑色球，9—15号为双色球（又称花色球）。双方按规则确定一种球（全色或是花色）

为自己的合法目标球,在将本方目标球全部按规则击入袋中后,再将8号球击入袋的一方获得该局的胜利。若一方在比赛中途将8号球误击入袋或将8号球击离台面,则对方该局获胜。

### (三) 法式台球

法式台球起源于法国,也称为开伦(carom)台球,其含义是连续撞击两个球,即用主球连续触及两个球,这是法式台球最基本的要求。与英式台球、美式台球球台的最主要区别是,法式台球台没有网袋。法式台球比赛只用三个球,两个白球为双方的主球,其中一个白球上带有红点或者黑点,另外还有一个红球。比赛方式多变,有颗星开伦、三球开伦、四球开伦、直线开伦等。其中主要的是三球开伦台球,该种比赛的基本要求是主球除必须连续撞击两个球以外,还需撞库三次方可得分,故也被称为三库(三边)开伦。

开伦台球每年都有国际性的大赛,拥有大批高水平的三球开伦选手。目前亚洲的韩国、日本、越南等国家开伦台球的水平也都比较高,其国际赛事规模不亚于斯诺克和九球。

## 三、设施设备

台球出现至今,人们不断对其游戏规则、游戏设备进行改进。到19世纪初,台球运动的工具也随之发展,许多大大小小的改进和发展逐渐使台球运动走向成熟阶段。在技术提高的同时,台球设备的发明创造不断涌现。

目前饭店康乐部配备的台球设备必须符合世界台球联合会(WPBSA)提供的设计参数。

### (一) 球桌

球台有落袋球台和无落袋球台两种。有落袋球台主要适用于美式台球和英式台球;无落袋球台主要适用于法式台球。台球桌内框尺寸长宽比应为2:1,一般都是用坚硬的木材制成,特别是球桌四边的碰边,更是采用优质硬木,如柚木、橡木、柳桉木等,其边框弹性大、耐撞击,木质边框上还镶有一条三角形橡胶边,以增加边框的弹性。台面由3~4块石板铺成,石板表面光滑,经安装师傅调平后,接缝严密、平整,石板上再铺粘一层绿色的台呢,可增加台面的摩擦力。球桌分为底台边、顶台边、左台边、右台边。球桌由置球点、内区、外区、底袋、中袋、顶袋、开球区组成。斯诺克台球桌尺寸为 3 820 毫米×2 035 毫米×850 毫米，美式落袋台球桌尺寸为 2 810 毫米×1 580 毫米×850 毫米，花式九球台球桌尺寸为 2 850 毫米×1 580 毫米×850 毫米。

## （二）球

目前，国内外所使用的台球已经由合成树脂取代了传统的木材、象牙质地的球，其色调纯正、表面光滑有弹性、韧性好，而且球的重心和圆度质量精确可靠。台球因项目分类繁多，球的直径有大有小。开伦球的直径为 6.15 厘米，现在常用的是 6.5 厘米，每个球重量为 230 克左右；美式落袋式台球的直径为 5.71 厘米，每个球重为 170 克左右；英式斯诺克球的直径为 5.25 厘米，每个球重为 145～160 克；英式台球的直径和重量与斯诺克台球相同。

## （三）球杆

球杆是直接击球的重要工具。制造球杆的木材，为了加大球杆的冲击力，有的球杆加重了后把（后半部），有的球杆后半截由红木或乌木制作，既美观又实用。球杆的长度和重量在平日游戏时并没有严格的规定和要求，只要用起来顺手就可以。

（1）球杆是击球的工具，是台球运动中的灵魂，好的球技要搭配好的球杆，才能发挥得淋漓尽致。球杆大多是选用优质硬木制成，以白蜡木和加拿大枫木为主，这两种木质弹性好，又不易变形，很受欢迎。球杆的长度一般为 140～150 厘米，要和身高相协调；重量一般为 450～600 克，应与个人体力相适应。常见的球杆有两种，击打美式落袋台球一般使用大头球杆，击打英式斯诺克台球则使用小头球杆。

球杆在使用过程中，主要的易损部位是皮头和先角，需要定期更换。

（2）皮头是以牛皮、猪皮或鹿皮等皮质包覆而成。由于皮头是球杆与球接触的第一面，使用久了，皮头会因挤压而变形，因此需要定期保养整修。

（3）先角就是在皮头旁的那一圈，主要的功能是吸震。先角的材质可分为塑钢、塑胶、象牙、玻璃纤维等。

## （四）杆架

英式球台既宽又长，经常会出现距目标球较远或因角度影响目标球前面有其他球阻碍的情况，这时需要用工具式杆架作为支点，利于瞄准，以击打远球。杆架主要有十字架杆、多槽式架杆、短杆架、长杆架、高杆架和探头架等。

## （五）巧克粉和扑手粉

打台球时为防止球杆的皮头和球之间打滑，需要在皮头上涂抹一层巧克粉，以增加皮头和球之间的摩擦力。这种巧克粉的形状为块状，外形为正六方体，是用粉末材料压制而成的。往皮头上涂粉时，右手拿粉块斜对着皮头，有节奏地来回打粉，同时左手转动球杆，对整个撞头涂抹均匀。

### （六）计分牌

计分牌是在比赛时用来记录、计算运动员比赛成绩的工具。常用的一种是用于一般台球室的横向指针式计分牌，主要用于斯诺克二十二彩球和三球比例的比赛计分。还有一种是常用于开伦台球赛的横算盘式计分盘。

### （七）插杆架

为防止球杆弯曲变形或局部摔坏，打完球后存放球杆也是一件不容小视的事情。每个台球室都有存放球杆的插架或柜子，既方便存取又保护了球杆。

### （八）定位器

球的表面经常被杆头上的巧克粉或台面上的落尘等玷污，影响球的正常滚动。这时，需要把球表面擦拭干净，准确无误地放回原处，用来给球固定位置的工具就是定位器。一般由透明有机玻璃加工制作而成。定位器还可在比赛时通过分角线来对压在禁区界线上的台球位置做出正确判断。

### （九）灯光

在台球设施中，灯光照明是很重要的一部分，既要明亮又不能刺眼。台球场地中的照明应装在较大的灯罩中，应置于球台上方75厘米处的地方，一张球台需要300瓦的照明。

## 任务二　台球项目岗位职责及任职要求

### 一、台球室领班

在康体中心主管的领导下，台球室领班带领下属员工按照酒店的服务流程和服务规范，开展台球室的经营活动，为客人提供优质的服务，需具备以下的要求，如表 2-17 所示。

表 2-17 台球室领班任职要求及岗位职责

| 内容 | 细 则 |
|---|---|
| 上下级关系 | 直接上级：康乐部主管<br>直接下级：台球室服务员 |
| 岗位概述 | 在康乐部主管的领导下，带领员工按照台球室操作流程开展对客服务；能根据营业情况，提出建设性的意见，增加收入；协助主管在保证营业需要的前提下，有效控制营业成本 |
| 任职资格 | 1. 学历要求：大专及以上学历<br>2. 体貌要求：身体健康，五官端正<br>3. 外语水平：具有基础的英语沟通能力<br>4. 培训记录：参加过酒店新员工入职培训及部门岗位技能培训<br>5. 工作经验：有 2 年以上康乐部台球室工作经验<br>6. 基本素质：能指导员工正确使用台球室内设施设备，正确计算分数；有一定的销售意识及管理水平，熟悉电脑操作；有良好的团队协作能力、沟通能力、服务意识及管理能力，具有良好的敬业精神 |
| 岗位职责 | 1. 负责制订台球室的营业计划，经批准后执行<br>2. 制订台球室员工岗位技能培训计划，经批准后协助训部实施、考核<br>3. 负责台球室管理员、服务员的工作岗位调配，报康乐部主管批准后执行，并转入人力资源部备案<br>4. 负责布置台球室管理员、服务员工作任务<br>5. 巡视检查台球室的各项工作，记录台球室管理员、服务员的考勤情况<br>6. 填写台球室管理员、服务员的过失单和奖励单，根据权限，按照项目进行处理<br>7. 负责每日召集台球室管理员、服务员进行营业前布置，营业后总结<br>8. 负责巡视、检查台球室的各项工作<br>9. 向台球室客人说明有关规定和注意事项，劝阻客人的违规行为和不文明举止，维持台球室正常营业秩序<br>10. 拒绝不符合规定的客人（如醉酒等）进入台球室<br>11. 受理客人对台球室工作人员的投诉，按照项目进行处理<br>12. 根据服务员提供的记录，整理出客人消费的账单，按照项目请客人付款或签单<br>13. 审批机房管理员提出的报修单，检查维修的结果，掌握设备运作的状况<br>14. 记录台球室营业状况的流水账，统计每日的营业额以及成本费用<br>15. 完成主管交办的其他事宜 |

## 二、台球室服务员

台球是一项健身运动，台球室服务员的任职资格和岗位职责细则如下，如表 2-18 所示。

表 2-18 台球室服务员任职资格及岗位职责

| 内容 | 细　　则 |
|---|---|
| 上下级关系 | 直接上级：台球室领班<br>直接下级：无 |
| 岗位概述 | 在台球室领班的领导下，按照服务流程和规范，为宾客提供台球服务 |
| 任职资格 | 1. 学历要求：高中（中专）及以上学历<br>2. 体貌要求：身体健康，五官端正<br>3. 外语水平：具有基础的英语沟通能力<br>4. 培训记录：参加过酒店新员工入职培训及部门岗位技能培训<br>5. 工作经验：有 1 年以上康乐工作经验，或相关专业院校毕业<br>6. 基本素质：能够熟练地讲解和示范台球的比赛方法和技巧，计分方法和游戏规则；能够根据台球室工作服务规范和服务项目，为客人提供优质的接待服务；具有酒店康乐产品推销能力；具有较强的人际沟通能力，善于处理与客人之间的关系 |
| 岗位职责 | 1. 负责台球室的接待服务工作。包括领位服务、台球服务、茶点服务、结账服务以及客人在台球室消费期间的其他服务工作<br>2. 负责台球室营业场地的卫生清洁保养工作。范围包括大厅、包房、吧台、卫生间、衣帽间等公共场所<br>3. 负责台球室营业前的器材和其他物品的准备工作<br>4. 负责向客人推销酒水<br>5. 认真做好营业期间的消防、安全防范工作，注意观察客人的异常情况，发现问题应及时逐级汇报<br>6. 及时处理台球室发生的突发事件<br>7. 及时发现台球室的设施设备运转中的非正常情况，并采取相应的应对措施 |

# 任务三　台球项目服务流程与规范

## 一、台球项目服务流程与规范

为提高台球室的服务质量，需按以下服务流程和操作要求为客人提供规范服务，如表 2-19 所示。

表 2-19 台球项目服务流程与服务规范

| 服务流程 | 服务规范 |
|---|---|
| 岗前准备 | 1. 检查仪容仪表。作为饭店康乐部的员工，要为客人提供标准化的服务，对台球室服务员仪表作统一要求，突出饭店的经营特色 |

(续表)

| 服务流程 | 服务规范 |
| --- | --- |
| 岗前准备 | 2. 召开班前会。领班检查仪容仪表，分配预订接待任务，提出接待要求<br>3. 完成清洁卫生工作，打扫责任区域。清洁卫生本身就是饭店重要的一条服务质量标准，台球室作为台球活动的场所要求做到清洁无尘<br>4. 班前准备工作。各岗位工作人员检查服务用品和客用物品的准备情况，核对用品状态，对不合格的客用品要予以更换，提前为客人的娱乐消费创造便利条件。正式营业前5分钟，各岗位员工在工作岗位上以标准站姿迎接客人的到来 |
| 迎宾领位服务 | 1. 站立于吧台迎接客人，面带微笑并问候，对于常来客人要称呼其姓名或职务<br>2. 如客人参观，应打开全部灯光，并向客人介绍及解答客人提出的问题<br>3. 如客人娱乐，在该项目有预订的情况下询问客人有无预订，与客人礼貌核实预订信息，确认预订后打开房间灯光，根据客人要求将空调调至适宜温度 |
| 客人准备娱乐前的服务 | 1. 询问客人是否需要手套，告知收费标准<br>2. 主动为客人指示巧克粉所放位置<br>3. 询问客人是否需要帮助计分并向客人介绍计分器的使用方法<br>4. 帮客人选球杆（为客人选择对应球种类所规定的球杆），确认设施设备完好<br>5. 告知客人娱乐开始时间，并询问是否需要其他服务<br>6. 对初次参与此项娱乐的客人，服务员要主动向客人讲解简单的打法及计分规则<br>7. 主动询问客人是否需要饮料或茶水。如客人自带饮料或水果，主动提供杯子或帮其清洗切开，装盘后再请客人食用。如客人自带茶叶，应告知客人加收30%服务费，提供冲泡服务 |
| 客人娱乐过程中的规范 | 1. 吧台人员根据服务器显示的服务内容为客人提供快速准确的服务<br>2. 客人按响"加水"服务按钮时，员工应立即根据客人所点饮料情况准备好开水或纯净水，为客人提供加水服务<br>3. 客人按响"点餐"服务按钮时，员工应立即准备好点餐菜单与纸笔，为客人进行点餐<br>4. 客人按响"服务"按钮时，员工应在30秒内提供客人所需服务项目，如当时无法满足客人需求，也一定要先给其答复<br>5. 客人按响"结账"服务按钮时，员工应立即填写好账单，带好账单夹与签字笔请客人结账<br>6. 如有客人不小心按错服务按钮，服务人员应礼貌告退，并告知客人如需服务随时按响服务器<br>7. 如有小朋友或客人不按规定使用时，应婉言相劝<br>8. 服务中站位要合理，不影响客人打球<br>9. 及时为客人提供架杆，并及时收回，不要让客人自己放杆以免影响客人打球。如遇客人将彩球打进，需先取出彩球放回原位，再为客人提供架杆，然后再为客人计分<br>10. 熟悉规则及球的分值，根据客人的要求提供相应的服务<br>11. 一局结束后，及时为客人摆球，并视情况提供擦球服务<br>12. 客人要求示范及陪打时，应礼貌认真地服务，示范动作符合规范，掌握输赢尺度<br>13. 及时清理客人用过的纸巾、烟灰缸，并及时为客人添加水或饮料，注意为客人倒水时要注意避让，以免碰到客人<br>14. 客人娱乐过程中要多巡视，如遇客人将烟头塞进绿植花盆里时，要婉言制止，主动送上烟灰缸，立即清理烟头 |

(续表)

| 服务流程 | 服务规范 |
|---|---|
| 客人娱乐过程中的规范 | 15. 如客人娱乐时将鞋子脱掉，主动为客人送上一次性拖鞋并询问客人是否需要擦鞋服务，告知收费标准 |
| 送客与客后整理服务 | 1. 引领客人到门口，向客人指示电梯位置或将要去的地方，目送客人至少五米远处<br>2. 关闭空调及灯光，只留工作灯方便清理卫生<br>3. 将球杆、球及巧克粉放回原处。检查巧克粉的大小，小于三分之一时要及时更换<br>4. 清理宾客用过的毛巾和杯具<br>5. 杯具做到一客一消毒<br>6. 关闭台球室的所有灯光 |

## 二、台球室卫生管理工作规范

为规范台球室的卫生管理工作，服务员应遵循以下清洁工作规范，如表2-20所示。

表2-20 台球室卫生管理规范

| 清洁项目 | 细则要求 |
|---|---|
| 台面 | 每天对台面进行吸尘。如有条件，可用背负式吸尘器，吸尘后用呢刷将台面的绒毛刷顺 |
| 台边及台脚 | 每天用抹布擦拭干净 |
| 球架、架杆、计分牌 | 每天用干布擦拭、计分牌的铜字和架杆如有锈迹，可用擦铜油擦拭 |
| 台球 | 每天用干净的软布擦 |
| 沙发、茶几 | 木质部分和玻璃部分用抹布擦干净，棉质椅面或沙发面用吸尘器吸尘 |
| 灯具 | 每周用干抹布擦拭一次 |
| 服务台及吧台 | 服务台须每天擦拭、整理，吧台须每天擦拭并消毒。酒具和饮料杯每使用一次都要消毒 |
| 地面及墙壁 | 地面每天吸尘，墙壁应视质地不同而采用相应的清洁方法 |

# 任务四　台球服务与管理技能训练

## 实训目标
通过实地考察，使学生学会台球项目服务的相关技能。

## 实训内容
走访校企合作的高星级酒店康乐部，了解台球室岗位设置及各岗位服务人员的岗位职责，观摩各岗位的对客服务情况。

## 实训步骤
第一步：教师下达实训任务书，并作讲解说明。

第二步：将班级分成4～5个小组，每组4～5人，每组根据"台球服务项目技能实训任务书"的内容，选择3～4个问题，实地考察酒店康乐部台球室服务项目，通过现场观察，参与实践，访谈专业人员，查找资料，分析讨论，形成问题答案。

第三步：各小组在班级分享调查结果。

第四步：教师归纳分析，总结成果。

## 实训成果
提交实训报告。

---

**台球服务项目技能实训任务书**

组名：_____　　组员姓名：_____　　日期：_____

1. 制订一份台球室营收计划。
2. 台球项目新员工需要掌握哪些技能？
3. 制订一份新员工台球服务技能培训计划。
4. 制订一份台球室员工月度排班表。
5. 组织召开班前会及部门例会时应注意哪些方面？
6. 怎样对台球室各岗位的员工进行有效管理？
7. 怎样对客人做好推销办卡服务？
8. 如何规范地提供台球服务？
9. 台球服务需注意哪些关键问题？

10. 台球服务有哪些基本程序？
11. 如何做好台球室的清洁卫生？
12. 如何对台球室各岗位进行绩效考核？

## 案例分析

### 常住客人走了

林先生是上海一家跨国公司的中国区总裁，住在A城市开元五星级酒店商务楼层的长包房。每天晚上，他总喜欢来到康乐中心的台球室，与服务员或教练打上2个小时台球。在这里，他不仅能像老朋友那样，和服务员、教练愉快地聊天，还能不断提高自己的台球水平。为此，每局下来，与对手的分数差距不大，大多都是赢了对方。在他看来，到这里打台球，不但缓解了工作压力，还体验了斯诺克的绅士风度，展现了自己的竞技魅力。

但是，有一天晚上，一名刚来台球室实习的大学生小李，很热情地接待了他，并答应陪他打台球。一个小时之内，小李竟然一连赢了林先生三局，让林先生很尴尬，竞技魅力也荡然无存，就沮丧地提前埋了单，索然无味地离开了台球室。

从此，在台球室里，再也看不到林先生的身影。后来，林先生退了商务楼层的长包房，入住到对面一家五星级酒店，每天晚上在那家酒店的台球室里展现自己的竞技魅力了。

## 思考并回答

1. 你认为小李错在哪里？
2. 如果你是小李，会怎样做？

模块二·项目三　台球项目服务与管理

## 任务评价表

组名：_____　　组员姓名：_____　　日期：_____

| 评价内容 | | 自评 | | | 组评 | | | 师评 | | |
|---|---|---|---|---|---|---|---|---|---|---|
| 学习目标 | 评价内容 | 优 | 良 | 中 | 优 | 良 | 中 | 优 | 良 | 中 |
| 知识目标 | 掌握台球的服务知识 | | | | | | | | | |
| | 熟悉台球主要设备及保养知识 | | | | | | | | | |
| | 熟悉台球服务的流程与规范 | | | | | | | | | |
| | 熟悉台球室各岗位的工作职责及任职资格 | | | | | | | | | |
| 能力目标 | 能够掌握台球器材的使用方法 | | | | | | | | | |
| | 能够为客人提供规范的台球项目服务 | | | | | | | | | |
| | 能够处理台球项目服务中遇到的常见问题 | | | | | | | | | |
| | 能够讲述台球室各岗位的职责要求 | | | | | | | | | |
| 素养目标 | 具有部门协作的团队意识 | | | | | | | | | |
| | 具有顾客至上的服务意识 | | | | | | | | | |
| | 具有踏实负责的工作态度 | | | | | | | | | |
| | 具有理论与实践相结合的知行合一意识 | | | | | | | | | |
| 任务单 | 内容完整正确 | | | | | | | | | |
| | 书写规范清楚 | | | | | | | | | |
| | 思路清晰、层次分明 | | | | | | | | | |
| 小组合作 | 小组工作氛围融洽 | | | | | | | | | |
| | 成员相互配合密切 | | | | | | | | | |
| | 小组全员参与 | | | | | | | | | |
| 整体评价 | 优秀：□　　良好：□　　达标：□ | | | | | | | | | |
| 教师建议 | | | | | | | | | | |

# 项目四
# 网球项目服务与管理

线上学习资料

网球是一项高雅的运动项目。网球的运动量较大,可以提高心肺功能,增强体质。网球运动有助于锻炼运动连贯性、流畅性,增强运动协调性。

### 知识目标
1. 掌握网球项目的服务知识
2. 掌握网球项目主要设备功能及保养知识
3. 熟悉网球项目服务标准与规范
4. 熟悉网球场各岗位的工作职责及任职资格

### 能力目标
1. 能够掌握网球器材的使用方法
2. 能够为客人提供规范的网球服务
3. 能够处理网球服务中遇到的常见问题
4. 能够讲述网球场各岗位的职责要求

### 素养目标
1. 具有团队协作、服从上级管理的意识
2. 具有顾客至上、以客为尊的服务意识
3. 具有踏实勤快、认真负责的工作态度
4. 具有积极实践、不断学习的进取意识

### 实训项目
设计酒店网球项目的对客服务情景。

### 项目目标
将班级学生分成若干小组,每组独立完成网球项目服务设计。每组成员用中/英文现场模拟演示本组设计的情景。

# 任务一 网 球 运 动

## 一、网球运动简介

现代网球运动起源于英国。早在 12—13 世纪，法国的传教士常在教堂的回廊里，用手掌击打一种类似小球的物体，以此来调剂刻板的教堂生活。后来这种活动传入法国宫廷，很快成为当时贵族的一种娱乐游戏。当时，他们把这种游戏叫"掌球戏"。开始，他们是在室内进行这种游戏，后来移到室外。在一块开阔的空地上，将一条绳子架在中间，两边各站一人，双方用手来回击打一种裹着绳子的布球。

14 世纪中叶，法国王储将这种游戏使用的球赠给英王亨利五世，于是这种游戏便传入英国。这种球的表面使用埃及坦尼斯镇所产的最为著名的绒布斜纹法兰绒制作而成，英国人将这种球称为"tennis"（网球），并流传下来，直到现在，我们使用的网球还保留着一层柔软的绒面。

网球是技术和智慧的竞赛，能锻炼人的控制力、耐力、智力，有助于培养团队精神和良好的性格，是一项人们普遍喜爱且富有乐趣的体育运动，也是世界上最流行的运动项目之一。

目前，网球已被誉为仅次于足球的"第二大球类运动"，并与高尔夫球、保龄球、台球并称为世界四大绅士运动。现在，四星级以上的酒店一般都设有网球场。

## 二、网球的分类

网球的分类一般是按照球场的质地来进行的，常见的网球场地有草地、土地和硬地球场以及地毯网球场。

### （一）球场的分类

#### 1. 草地球场

草地球场是网球球场中历史最悠久、最具传统意味的一种场地，草地网球是在平整草地上开展的活动。目前每年很少的几个草地职业网球赛事几乎都是在英伦三岛上举行，且时间集中在六七月份，温布尔登网球锦标赛是其中最古老也最负盛名的一项。

#### 2. 土地球场

土地球场正确的叫法应该是软性场地。虽然建造维护费用相当昂贵，不过脚下柔

软的感觉和对球员的保护，使得这种场地近年重新受到青睐。土地球场的代表是法国的罗兰·加洛斯球场。

3. 硬地球场

硬地球场是相对软地球场（土场）而言，其自身种类繁多，弹性稳定，维护简便，用于正式比赛的主要有塑胶场地、混凝土场地。

（1）塑胶场地。塑胶场地的代表就是墨尔本的澳网中心球场。这种场地弹性好，球在落地后反弹很高，同时由于表面弹性系数小，球与场地的作用时间长，这一点类似于软性场地，而橡胶表面里还掺有塑胶颗粒，可增大表面摩擦系数。以上两个因素综合作用使塑胶场地的球速相对较慢。

（2）混凝土场地。混凝土场地的代表是美网阿什球场，即美网系列赛的场地，就是通常说的水泥场地，场地较硬，很容易对球员下肢造成伤病。

4. 地毯网球场

地毯网球场是室内赛季的主要球场，如巴黎大师杯、1990年代在德国的年终赛。与塑胶场地相比，地毯网球场是类似草地的硬地，塑胶场地则是偏向土地的硬地。网球在地毯上的速度需视场地表面的平整度及地毯表面的粗糙程度而定。

### （二）软式网球和短式网球

1. 软式网球

软式网球是从网球派生出来的一种运动。软式网球诞生于日本的明治维新初期，当时，西方的传教士、商人将草地网球带到了日本，于是在其繁华的城市中开始有了网球活动。但是，当时日本还不具备制作网球和网球拍的条件，依靠进口价格又比较昂贵，所以使用作为玩具的橡胶球进行活动，由此诞生了软式网球。

第一届世界软式网球锦标赛于1975年10月在美国夏威夷举行。1994年在日本广岛举行的第十二届亚运会上，软式网球被正式列为比赛项目。目前，世界上有许多国家和地区开展这一运动，其中以日本、韩国水平最高。软式网球运动可以在室内进行，也可以在室外进行，可以在硬地、红土和草场进行。参赛选手分别要进行单打7局、双打9局的比分赛。单打先获胜4局、双打先获胜5局者获胜。

2. 短式网球

短式网球起源于20世纪70代后期的瑞典，此后在欧美各国流行。如今，世界各国普遍用短式网球来对儿童进行启蒙训练。它对培养人才、提高科学训练水平起到了积极的作用。1995年，国际网球联合会正式决定并颁布了短式网球推广计划，公认它是训练孩子的最理想方法。

短式网球使用的场地是标准网球场地的1/3，球拍与正规网球球拍形状和结构一样，但轻且小，有铝合金和碳素两种。球拍的长度一般分为47厘米、49厘米、55厘米、59厘米四种，重量为160～220克，可根据孩子身高、年龄、手的大小、手腕的力量、性别等来选择。

短式网球的球有两种：一种是海绵球，重量极轻，适合于6岁以下孩子使用；另一种叫过渡球，类似于正规网球，但是尺寸小，球内压力小，打起来没有标准网球那么硬。

## 三、网球的设施设备

### （一）球场

国际网联规定，球场设计时单、双打的场地合在一起。仅以白线作区分界线，网球双打场地的标准尺寸为23.77米（长）×10.97米（宽），单打场地的标准尺寸为23.77米（长）×8.23米（宽）。在端线、边线后应分别留有不小于6.40米、3.66米的空余地。室外球场散水坡为横向，

坡度不大于8%。室外场地的四周可用钢丝网围挡网，围栏的高度应为4～6米，以免球员将球打到球场外。室内网球场地除面积规格要同室外球场一致外，还要求球场的天棚高度不得低于12米，地面多为涂塑地面。对于需要安装照明灯光的网球场，室外球场上空和端线两侧不应设置灯具。室外球场灯具应设置在边线两侧，围挡网距地面高7.60米以上，灯光从球场两侧向场地均匀照射。此外，比赛的级别不同对灯光要求也不一样。

### （二）球网

国际比赛规定，在球场安装网柱，两个网柱间距离是12.80米。网柱顶端距地平面是107厘米，球网中心上沿距地平面是91.4厘米。球网处在场地中间，将场地分隔成面积相等的两个半场。

### （三）球和球拍

1. 网球

网球呈圆形，为有弹性的白色或黄色橡胶球，正式比赛时大多使用黄色的球。球中间为空心，外面以毛质纤维均匀覆盖，直径为6.35～6.67厘米，重量为56.7～58.47克。球面上的短毛有稳定方向、延滞球速的功能，短毛脱落严重的旧球会变得不易控制，应及时更换。

2. 球拍

球拍的材质有很多,如有木制、铝制、玻璃纤维和碳素纤维等几个种类。目前最受欢迎的是碳素纤维球拍,它弹性好、韧度够、重量轻。球拍总长不得超过81.25厘米,总宽不得超过31.75厘米。框内由弦线纵横交错织成拍面,弦线通常采用羊肠线、牛筋线或尼龙线。尼龙线坚韧耐用、不怕雨淋,但弹力较差,旋转力不够。羊肠线属于较高级的弦线,弹力足、旋转力强,但在雨天或天气潮湿时容易断裂。一副好的球拍要考虑重量、平衡及握柄的减震等因素,握起来要顺手,挥动时手腕不沉就可以了。

### (四)网球服装

网球服装的式样繁多,除了在球场穿用外,也可将网球服装当作休闲服来穿。上衣一般以有领的棉衫短袖为主,冬天则穿羊毛质料制成的球衫,但基本上都要符合通风吸汗的要求;男性多穿便于活动的短裤,女性则可选择短裙或裙裤;鞋袜是网球运动中相当重要的一环,鞋子要选用抓地力强、质量较轻的网球专用鞋,以便做各种折返冲刺的动作;袜子则以厚短袜为最佳选择。一般网球服装仍以白色系为主,在球场上显得格外抢眼。另外,帽子、大毛巾、止汗带、发带等小配件也最好一起备齐。这些配件虽然不起眼,却能发挥奇效,让球员打球时更顺手。

## 四、世界主要的网球赛事

目前,世界上主要有澳大利亚网球公开赛、法国网球公开赛、温布尔登网球锦标赛、美国网球公开赛四大网球公开赛,见表2-21所示。

表2-21 世界四大网球公开赛

| 名称 | 简称 | 举办国家 | 简介 | 场地类型 |
| --- | --- | --- | --- | --- |
| Australian Open<br>澳大利亚网球公开赛 | 澳网 | 澳大利亚 | 每年1月的最后两个星期在澳大利亚墨尔本举办 | 硬地 |
| French Open<br>法国网球公开赛 | 法网 | 法国 | 每年5月至6月举办 | 红土 |
| Wimbledon Championships<br>温布尔登网球锦标赛 | 温网 | 英国 | 每年6月或7月举办,是网球运动最古老和最具声望的赛事 | 草地 |
| U.S. Open<br>美国网球公开赛 | 美网 | 美国 | 每年8月底至9月初举办 | 硬地 |

## 任务二  网球项目岗位职责及任职要求

### 一、网球场领班

网球场领班是在康乐部主管的领导下开展工作，负责带领下属员工按照酒店网球场的服务流程和服务规范，为客人提供优质服务，需要具备以下的任职资格和承担以下岗位职责，如表 2-22 所示。

表 2-22　网球场领班任职要求与岗位职责

| 内容 | 细　　则 |
|---|---|
| 上下级关系 | 直接上级：康乐部主管<br>直接下级：网球场服务员 |
| 岗位概述 | 在康乐部主管的领导下，带领员工按照网球场岗位操作流程开展对客服务；能根据营业情况，提出建设性的意见，积极销售网球会员卡，增加收入；协助主管在保证营业需要的前提下，有效控制营业成本，做好开源节流工作 |
| 任职资格 | 1. 学历要求：高中（中专）及以上学历<br>2. 体貌要求：身体健康，五官端正<br>3. 外语水平：具有基础的英语沟通能力<br>4. 培训记录：参加过酒店新员工入职培训及部门网球岗位技能培训<br>5. 工作经验：有 2 年以上网球场工作经验<br>6. 基本素质：能指导员工正确使用网球场内的设施设备和计分规则；有一定的销售意识及管理水平，熟悉电脑操作；有良好的团队协作能力、沟通能力、服务意识及管理能力，具有良好的敬业精神 |
| 岗位职责 | 1. 负责制订网球场的营业计划，经批准后执行<br>2. 负责制订网球场员工岗位技能培训计划，经批准后协助培训部实施、考核<br>3. 负责网球场管理员、服务员的工作岗位调配，报康乐部主管批准后执行，并转入人力资源部备案<br>4. 负责布置网球场管理员、服务员工作任务<br>5. 巡视、检查网球场的各项工作，记录网球场管理员、服务员的考勤情况<br>6. 填写网球场管理员、服务员的过失单和奖励单，根据权限，按照项目进行处理<br>7. 负责每日召集网球场管理员、服务员进行营业前布置，营业后总结<br>8. 负责处理网球场管理员、服务员在工作中出现的问题<br>9. 负责巡视、检查网球场的各项工作<br>10. 向网球场客人说明有关规定和注意事项，劝阻客人的违规行为和不文明举动，维持网球场的正常营业秩序<br>11. 拒绝不符合规定的客人（如醉酒等）进入网球场 |

(续表)

| 内容 | 细则 |
|---|---|
| 岗位职责 | 12. 受理客人对网球场工作人员的投诉，按照项目进行处理<br>13. 根据服务员提供的记录，整理出客人消费的账单，按照项目请客人付款或签单<br>14. 审批机房管理员提出的报修单，掌握设备运作的状况<br>15. 记录网球场营业状况的流水账以及成本费用，检查维修的结果，统计每日的营业额<br>16. 学习网球场管理技巧，了解本行业其他网球场经营状况<br>17. 熟悉网球场各种设备和网球活动规则<br>18. 完成主管交办的其他事宜 |

## 二、网球场服务员

网球场服务员要能够为客人做网球运动示范，讲解网球的计分方法、游戏比赛规则，熟悉裁判知识，具有酒店产品推销能力，具有较好的人际关系处理能力，善于处理与客人之间的关系。具体要求如表 2-23 所示。

表 2-23　网球场服务员任职要求与岗位职责

| 内容 | 细则 |
|---|---|
| 上下级关系 | 直接上级：网球场领班<br>直接下级：无 |
| 岗位概述 | 在网球场领班的领导下，按照服务流程和规范，为宾客提供网球服务 |
| 任职资格 | 1. 学历要求：高中（中专）及以上学历<br>2. 体貌要求：身体健康，五官端正<br>3. 外语水平：具有基础的英语沟通能力<br>4. 培训记录：参加过酒店新员工入职培训及部门网球岗位技能培训<br>5. 工作经验：有 1 年以上康乐工作经验或相关专业院校毕业<br>6. 基本素质：能够根据网球场工作服务规范和服务项目，为客人提供规范的接待服务 |
| 岗位职责 | 1. 负责网球运动项目的预订、开单、接待服务工作<br>2. 负责网球场地的环境卫生清洁工作，保持卫生整洁，使其各项卫生指标达到规定的标准<br>3. 负责营业前的各项准备工作，每天按时准备好各项营业用品，如需补充应及时申领，保证营业期间的供应<br>4. 负责维护保养网球场的设施、设备，保证其运转正常<br>5. 负责维护保养网球场的运动器械，使其处于良好的运转状态<br>6. 负责指导客人做好运动前的各项准备工作，并向客人说明注意事项，提醒客人注意安全<br>7. 在客人运动休息期间，为客人提供饮料和休闲食品以及其他服务 |

(续表)

| 内容 | 细　则 |
|---|---|
| 岗位职责 | 8. 认真执行酒店的交接班制度，做好交接班工作记录<br>9. 为客人提供细致、周到、规范的网球场接待服务<br>10. 及时有效地处理网球场地内发生的意外事故，并及时向上级领导汇报<br>11. 完成领班交办的其他事项 |

## 任务三　网球项目服务流程与规范

为提高网球场的服务质量，网球服务人员需按酒店网球场服务流程和操作要求为客人提供规范服务，如表 2-24 所示。

表 2-24　网球项目服务流程与服务规范

| 服务流程 | 服务规范 |
|---|---|
| 班前准备 | 1. 做好网球场的清洁卫生工作，包括场地、休息区、球网架等<br>2. 检查球场设施是否完好，如发现问题，设法修理或报工程部门<br>3. 将供客人租用的球具、球鞋等准备好<br>4. 将气温、湿度及日照情况填写在公告栏内<br>5. 整理好仪容、仪表，要求精神饱满 |
| 预订服务 | 1. 要用规范语言主动、热情地接待客人预订<br>2. 客人打电话预订，铃响三声前应接听<br>3. 准确记录客人姓名、房号、使用时间，并复述清楚，取得客人确认<br>4. 对已确认的客人预订，要通知有关服务人员提前做好安排 |
| 迎客服务 | 1. 面带微笑，主动问候客人<br>2. 询问客人是否预约，并向客人介绍网球场设施、收费标准等，询问客人喜欢选择哪个场地，并与客人确认开始计时的时刻<br>3. 为客人进行登记、开记录单、收取押金、发放更衣柜钥匙等<br>4. 对无预约的客人，若场地已满，应安排其按顺序等候，并告知等候的大约时间，为客人提供水和书报杂志等 |
| 网球服务 | 1. 将客人引领到网球场内，再次检查和整理场内的卫生，包括清理地面上的杂物，将休息区的桌椅在客人入座前再擦一遍。如果客人租用店内的球具、球鞋等，须由服务人员引领客人入场时拿到场内放好<br>2. 主动询问客人需要什么饮料，如果需要及时为客人提供<br>3. 主动协助客人挑选网球拍和网球，将客人租用的球鞋拿到场内放好<br>4. 对客人出色的击球报以掌声赞扬<br>5. 如果客人是初学者，要认真、耐心、细致地向客人讲解网球运动规则并做好示范<br>6. 服务员要适时询问客人需要何种饮品，并做好饮料服务工作 |

(续表)

| 服务流程 | 服务规范 |
| --- | --- |
| 网球服务 | 7. 保持休息区内茶几、座椅、地面的整洁<br>8. 保持洗手间、淋浴间的整洁<br>9. 客人原定运动时间即将结束时，在场地空闲的情况下应及时询问客人是否需要续时<br>10. 若客人运动中受伤，服务人员要及时提供简单医疗救助，伤情严重的要及时与较近的医院联系<br>11. 场边服务。服务人员应该尽量安排时间，在客人刚开始打球的这段时间在场边观看，主要目的是了解客人对球场条件是否适应，租用的球鞋、球拍等是否合适，并为其提供一些如捡球、整理换下的鞋子和外衣等服务工作<br>12. 提供教练服务时，应该热情礼貌地示范规范标准动作；当提供陪练服务时，陪练人员应该掌握客人的心理和陪练输赢的分寸，提高客人的兴致 |
| 结账服务 | 1. 客人消费结束时，服务员应检查客用设备是否完好，提醒客人带好随身物品，并帮助客人收拾和提拿球具、球鞋，到收银台结账<br>2. 收银员应与客人确认打球结束的时刻，接过客人递来的现金或者信用卡等时，应使用服务用语向客人道谢<br>3. 如客人要求挂单，收银员要请客人出示房卡并与前台收银处联系，待确认后要请客人签字并认真核对客人笔迹，如未获前台收银处同意或认定笔迹不一致，则请客人以现金结付 |
| 送别客人与收拾整理 | 1. 礼貌地向客人道别，并欢迎客人下次光临<br>2. 客人离开后，服务人员必须立即对场地进行彻底整理，将卫生状况恢复至满足营业的要求，准备迎接下一批客人的到来<br>3. 按规定清洁、修理客人租用的球拍、球鞋等<br>4. 写好"交接本"，注明客情、维修情况，填写好饮料报表，送服务台签字<br>5. 结束时，清场、整理物品、清倒垃圾、关灯、锁服务台，将钥匙交总服务台，并签名确认 |

# 任务四　网球服务与管理技能训练

## 实训目标

通过实地考察，使学生学会网球项目服务的相关技能。

## 实训内容

走访校企合作的高星级酒店康乐部，了解网球岗位设置及各岗位服务人员的岗位职责，观摩各岗位的对客服务情况。

模块二·项目四　网球项目服务与管理

### 实训步骤

第一步：教师下达实训任务书，并作讲解说明。

第二步：将班级分成 4～5 个小组，每组 4～5 人，每组根据"网球服务项目技能实训任务书"的内容，选择 3～4 个问题，实地考察酒店康乐部网球场服务项目，通过现场观察，参与实践，访谈专业人员，查找资料，分析讨论，形成问题答案。

第三步：各小组在班级分享调查结果。

第四步：教师归纳分析，总结成果。

### 实训成果

提交实训报告。

---

**网球服务项目技能实训任务书**

组名：_____　　组员姓名：_____　　日期：_____

1. 制订一份网球场营收计划。
2. 网球场新员工需要掌握哪些技能？
3. 制订一份网球场新员工服务技能培训计划。
4. 制订一份部门员工月度排班表。
5. 组织召开班前会及部门例会。
6. 怎样有效管理网球服务各岗位的员工？
7. 怎样对客人做好推销办卡服务？
8. 如何规范地提供网球服务？
9. 网球服务需注意哪些关键问题？
10. 总结网球服务的流程。
11. 如何做好网球场地的保养？
12. 如何对网球场服务员进行绩效考核？

---

### 案例分析

**当客人言行不当时**

某日早上，一位住店客人从网球场出来后到淋浴间冲凉，使用沐浴露时很浪费，服务员小吴觉得挺可惜，就随口提醒了几句。第二天，这位客人又过来冲凉，看见小吴，就故意把沐浴露挤出来很多，弄得到处都是。小吴憋了一肚子气，就斜了这位客人几眼。结果这位客人就向小吴表达不满。小吴年轻气盛，一时克制不住，与客人吵了起来。后来客人找到网球场领班投诉了小吴。

为什么好的动机没有带来好的结果？针对这个投诉，网球部专门以"得体的语言＝优质的服务"为主题进行了讨论。大家你一言我一语，提出了许多有益的改进建议。

### 思考并回答

1. 你会给服务员小吴怎样的建议来恰当地提醒这位客人？
2. 如果你是领班，将如何加强康乐部门消耗品的管理？

# 任务评价表

组名：_____　　组员姓名：_____　　日期：_____

| 学习目标 | 评价内容 | 自评 | | | 组评 | | | 师评 | | |
|---|---|---|---|---|---|---|---|---|---|---|
| | | 优 | 良 | 中 | 优 | 良 | 中 | 优 | 良 | 中 |
| 知识目标 | 掌握网球的服务知识 | | | | | | | | | |
| | 掌握网球主要设备功能及保养知识 | | | | | | | | | |
| | 熟悉网球的服务标准与规范 | | | | | | | | | |
| | 熟悉网球场各岗位人员的工作职责及任职资格 | | | | | | | | | |
| 能力目标 | 能够掌握网球器材的使用方法 | | | | | | | | | |
| | 能够为客人提供规范的网球服务 | | | | | | | | | |
| | 能够处理网球服务中遇到的常见问题 | | | | | | | | | |
| | 能够讲述网球场各岗位的职责要求 | | | | | | | | | |
| 素养目标 | 具有团队协作、服从领导的意识 | | | | | | | | | |
| | 具有顾客至上、以客为尊的服务意识 | | | | | | | | | |
| | 具有踏实勤快、认真负责的工作态度 | | | | | | | | | |
| | 具有积极实践、不断学习的进取意识 | | | | | | | | | |
| 任务单 | 内容完整正确 | | | | | | | | | |
| | 书写规范清楚 | | | | | | | | | |
| | 思路清晰、层次分明 | | | | | | | | | |
| 小组合作 | 小组工作氛围融洽 | | | | | | | | | |
| | 成员相互配合密切 | | | | | | | | | |
| | 小组全员参与 | | | | | | | | | |
| 整体评价 | 优秀：□　　良好：□　　达标：□ | | | | | | | | | |
| 教师建议 | | | | | | | | | | |

# 项目五
# 乒乓球项目服务与管理

线上学习资料

乒乓球起源于英国,"乒乓球"一名起源自 1900 年,因其打击时发出的声音而得名。乒乓球被称为中国的"国球",是一种世界流行的球类体育项目。乒乓球既是一种康体运动,也是一种交际活动。

### 知识目标

1. 掌握乒乓球的服务知识
2. 熟悉乒乓球的主要设备及保养方法
3. 熟悉乒乓球的服务程序与规范
4. 熟悉乒乓球室各岗位的工作职责及任职资格

### 能力目标

1. 能够掌握乒乓球器材的使用方法
2. 能够为客人提供规范的乒乓球项目服务
3. 能够处理乒乓球服务中遇到的常见问题
4. 能够讲述乒乓球室各岗位的职责要求

### 素养目标

1. 具有乒乓球运动的文化自信
2. 具有顾客至上的服务意识
3. 具有认真负责的工作态度
4. 具有不断学习的进取意识

### 实训项目

设计酒店康乐部乒乓球室的对客服务情景。

### 项目目标

将班级学生分成若干小组,每组独立完成乒乓球项目设计。每组成员用中/英文现场模拟演示本组设计的情景。

# 任务一　乒乓球运动

## 一、乒乓球简介

乒乓球起源于英国。19 世纪末，欧洲盛行网球运动，但由于受到场地和天气的限制，英国有些大学生便把网球移到室内，以餐桌为球台，以书为球网，用羊皮纸做球拍，在餐桌上打来打去。1890 年，几位驻守印度的英国海军军官偶然发觉在一张不大的台子上玩网球颇为刺激。后来他们改用实心橡胶代替弹性不大的实心球，随后改为空心的塑料球，并用木板代替了网拍，在桌子上进行这种新颖的"网球赛"，这就是 table tennis 得名的由来。

乒乓球出现不久，便成了一种风靡一时的热门运动。20 世纪初，美国开始成套地生产乒乓球比赛用具，它是美国头号持拍运动，有超过 20 万美国人打乒乓球。当它传到中国后，人们又创造出"乒乓球"这个新的词语。

乒乓球运动的很多用词是从网球变来的。打乒乓球所用的球叫 ping-pong ball 或 table-tennis ball，乒乓球台叫 ping-pong table，台面称 court，中间的球网称 net，支撑球网的架子叫 net support，乒乓球拍叫 ping-pong bat。乒乓球单人比赛原来一般采取三局两胜或五局三胜制（每局 21 分），2001 年改为七局四胜制或五局三胜制（每局 11 分），所谓"局"，英文是 set，发球叫 serve。

在名目繁多的乒乓球比赛中，最负盛名的是世界乒乓球锦标赛，起初每年举行一次，1957 年后改为两年举行一次。

20 世纪 70 年代以来，由于国际交往和学习研究的加强，各种打法取长补短，使乒乓球技术得到了更快的发展和提高。如中国近台快攻、直拍快攻结合弧圈球、横拍快攻结合弧圈球等打法和技术，均有所发展和创新，在国际比赛中取得了优良的成绩。国际乒乓球联合会已拥有 186 个协会会员，是世界上较大的体育组织之一。

1982 年，国际奥委会通过了关于从 1988 年起把乒乓球列为奥运会正式比赛项目的决定，推动了乒乓球运动更快地发展。

## 二、设施设备

奥运会乒乓球比赛在体育馆内进行，馆内的具体标准如下。

### (一)比赛区域

可容纳 4 张或 8 张球台的标准尺寸,一般 8 米宽、16 米长、天花板高度不得低于 4 米的正式比赛场地,比赛区域还应包括比赛球台旁的通道、电子显示器、运动员和教练员座席、竞赛官员区域、摄影记者区域、电视摄像区域以及颁奖区域等。

### (二)灯光

奥运会为了保证电视转播影像清晰,要求照明度为 1 500~2 500 勒克斯,所有球台的照明度是一样的。如果因电视转播等原因需要增加临时光源,该光源从天花板上方照下来的角度应大于 75 度。比赛区域其他地方的照明度不得低于比赛台面照明度的 1/2,光源距离地面不得少于 5 米。场地四周一般应为深颜色。

### (三)地面

地面应为木制或经国际乒联批准的品牌和种类的可移动塑胶地板。地板具有弹性,没有其他体育项目的标线和标识。地板的颜色不能太浅或反光强烈,可为红色或深红色;不能过量使用油或蜡,以避免打滑。

### (四)温度

馆内比赛区域的空气流速控制在 0.2~0.3 米/秒之内,温度为 20~25℃,或低于室外温度 5℃。

### (五)器材规格

场地规格赛区应由 0.75 米高的同一深色的挡板围起,并与相邻的赛区及观众隔开。每张球台的比赛场地面积为 8 米×16 米。场地内放有球台、球网、球、挡板、裁判桌、裁判椅、计分器等。

(1)球台:高 76 厘米、长 2.74 米、宽 1.525 米,颜色为墨绿色或蓝色。球网高 15.25 厘米、台外突出部分长 15.25 厘米,颜色与球台颜色相同。

(2)球:呈白色或橙色,且无光泽,直径 40 毫米、重量 2.7 克的硬球。

(3)挡板:高 0.75 米、宽 1.4 米或 2 米,颜色与球台颜色相同。

器材均由国际乒联特别批准和指定。在整个比赛过程中包括训练设施均必须采用相同牌号的器材。

## 三、乒乓球比赛的计分规则

乒乓球比赛分团体、单打、双打等项目。在乒乓球比赛中,单打的淘汰赛采用七局四胜制,团体赛中的一场单打或双打采用五局三胜制。在一局比赛中,先得 11 分的为胜方;10 平后,先多得 2 分的一方为胜方。在获得 2 分后,接发球方变为发球方,依此类推,直到该局比赛结束,或直至双方比分为 10 平。当采用轮换发球法时,发球和接发球次序不变,但每人只轮发 1 分球。在双打中,每次换发球时,前面的接发球员应成为发球员,前面的发球员的同伴应成为接发球员。在一局比赛中,首先发球的一方在该场比赛的下局中应首先接发球。在双打比赛的决胜局中,当一方先得 5 分后,接发球方必须交换接发球次序。局中,在某一方位比赛的一方,在该场比赛的下一局应换到另一方位。在决胜局中,一方先得 5 分时,双方应交换方位。

# 任务二  乒乓球项目岗位职责及任职要求

## 一、乒乓球场领班

乒乓球场领班在康乐部主管的领导下,带领员工开展对客服务,在个人素质与基层管理方面有具体的要求,如表 2-25 所示。

表 2-25  乒乓球场领班任职要求及岗位职责

| 内容 | 细则 |
|---|---|
| 上下级关系 | 直接上级:康乐部主管<br>直接下级:乒乓球场服务员 |
| 岗位概述 | 在康乐部主管的领导下,带领员工按照乒乓球场岗位操作流程开展对客服务 |
| 任职资格 | 1. 学历要求:高中(中专)及以上学历<br>2. 体貌要求:身体健康,五官端正<br>3. 外语水平:具有基础的英语沟通能力<br>4. 培训记录:参加过酒店新员工入职培训及部门乒乓球岗位技能培训<br>5. 工作经验:有 2 年以上康乐部乒乓球室工作经验<br>6. 基本素质:熟悉乒乓球场各功能区域分布,能指导员工正确使用乒乓球场内的设施设备和计分规则;有一定的销售意识及管理水平,熟悉电脑操作;有良好的团队协作能力、沟通能力、服务意识及管理能力,具有良好的敬业精神 |

(续表)

| 内容 | 细 则 |
|---|---|
| 岗位职责 | 1. 负责制订乒乓球场的营业计划，经批准后执行<br>2. 制订乒乓球室员工岗位技能培训计划，经批准后协助培训部实施、考核<br>3. 负责乒乓球场管理员、服务员的工作岗位调配，报康乐部主管批准后执行，并转入人力资源部备案<br>4. 负责布置乒乓球场管理员、服务员工作任务<br>5. 巡视检查乒乓球场的各项工作，记录乒乓球场管理员、服务员的考勤情况<br>6. 填写乒乓球场管理员、服务员的过失单和奖励单，根据权限，按照项目进行处理<br>7. 负责每日召集乒乓球场管理员、服务员进行营业前布置，营业后总结<br>8. 负责巡视、检查乒乓球室的各项工作<br>9. 向乒乓球场客人说明有关规定和注意事项，劝阻客人的违规行为和不文明举止，维持乒乓球室正常营业秩序<br>10. 拒绝不符合规定的客人（如醉酒等）进入乒乓球场<br>11. 受理客人对乒乓球场工作人员的投诉，按照项目进行处理<br>12. 根据服务员提供的记录，整理出客人消费的账单，按照项目，请客人付款或签单<br>13. 审批机房管理员提出的报修单，检查维修的结果，掌握设备运作的状况<br>14. 记录乒乓球场营业状况的流水账，统计每日的营业额以及成本费用<br>15. 完成主管交办的其他事宜 |

## 二、乒乓球场服务员

乒乓球场服务员在领班的直接领导下开展对客服务，需要管理好场地，提供优质的服务。对个人的素质要求和岗位职责如表2-26所示。

表2-26 乒乓球场服务员任职要求及岗位职责

| 内容 | 细 则 |
|---|---|
| 上下级关系 | 直接上级：乒乓球场领班<br>直接下级：无 |
| 岗位概述 | 在康乐部乒乓球场领班的领导下，按照服务流程和规范，为宾客提供乒乓球服务 |
| 任职资格 | 1. 学历要求：高中（中专）及以上学历<br>2. 体貌要求：身体健康，五官端正<br>3. 外语水平：具有基础的英语沟通能力<br>4. 培训记录：参加过酒店新员工入职培训及部门乒乓球岗位技能培训<br>5. 工作经验：有1年以上康乐工作经验，相关专业院校毕业学生<br>6. 基本素质：能够为客人讲解乒乓球的计分方法和比赛规则，能够根据乒乓球场工作服务规范和服务项目，为客人提供优质的接待服务；具有较强的酒店产品推销能力，具有较好的人际关系处理能力，能妥善处理上下级之间以及与客人之间的关系 |

(续表)

| 内容 | 细则 |
|---|---|
| 岗位职责 | 1. 负责乒乓球场的接待服务工作，包括领位服务、乒乓球服务、茶点服务、结账服务以及客人在乒乓球场消费期间的其他服务工作<br>2. 负责乒乓球场营业场地的卫生清洁保养工作，包括大厅、包房、吧台、卫生间、衣帽间等公共场所<br>3. 负责乒乓球场营业前的器材和其他物品的准备工作<br>4. 负责向客人推销饮料<br>5. 认真做好营业期间的消防、安全防范工作，注意观察客人的异常情况，发现问题应及时逐级汇报<br>6. 及时处理乒乓球场发生的突发事件<br>7. 及时发现乒乓球场的设施、设备运转中的非正常情况，并采取相应的应对措施 |

## 任务三　乒乓球场服务流程与规范

乒乓球运动深受大众喜欢，参与面广，普及率高。为提高乒乓球场地的服务质量，乒乓球场服务人员需按酒店康乐部规定的服务流程和操作要求，为前来运动的客人提供规范的服务，如表2-27所示。

表2-27　乒乓球场服务流程与服务规范

| 服务流程 | 服务规范 |
|---|---|
| 岗前准备 | 1. 打卡签到，换好工作服，佩戴名牌，整理好仪容仪表，参加班前会议，明确自身任务<br>2. 打开球室的窗户通风，做好室内环境、设施设备的卫生清洁工作<br>3. 检查乒乓球场的设施设备有无损坏，如发现有损坏，应当立即更换<br>4. 把当天营业需要用到的物品准备好<br>5. 查阅值班日志，查看当天需要完成的工作 |
| 迎客领位服务 | 1. 迎接客人时应面带微笑，主动问好<br>2. 引领客人至更衣室，放置衣物<br>3. 提醒客人更换运动鞋 |
| 球场服务 | 1. 引导客人至乒乓球台，替客人准备好球具<br>2. 耐心为初学客人讲解发球的动作要领和发球规则，示范握拍姿势和击球动作<br>3. 为客人准备好毛巾和饮料，在客人休息期间为其提供服务<br>4. 必要时为客人提供陪练服务，并根据客人情况，适当控制输赢尺度，以提高客人的运动兴趣<br>5. 客人在进行乒乓球比赛时，应充当好裁判。如客人有需要，可为其介绍比赛的计分规则，并将比分及时告诉客人 |

（续表）

| 服务流程 | 服务规范 |
|---|---|
| 结账及送客服务 | 1. 按照规定为客人迅速办理结账手续<br>2. 检查客人有无遗留的物品，检查各类用具有无损坏<br>3. 客人离开时，服务人员要主动提醒客人不要忘记随身物品 |

## 任务四　乒乓球服务与管理技能训练

**实训目标**

通过实地考察，使学生学会乒乓球项目服务的相关技能。

**实训内容**

走访校企合作的高星级酒店康乐部，了解乒乓球场岗位设置及各岗位服务人员的岗位职责，观摩各岗位的对客服务情况。

**实训步骤**

第一步：教师下达实训任务书，并作讲解说明。

第二步：将班级分成4~5个小组，每组4~5人，每组根据"乒乓球服务项目技能实训任务书"的内容，选择3~4个问题，实地考察酒店康乐部乒乓球室服务项目，通过现场观察，参与实践，访谈专业人员，查找资料，分析讨论，形成问题答案。

第三步：各小组在班级分享调查结果。

第四步：教师归纳分析，总结成果。

**实训成果**

提交实训报告。

## 乒乓球服务项目技能实训任务书

组名：_____  组员姓名：_____  日期：_____

1. 制订一份乒乓球室营收计划。
2. 乒乓球项目新员工需要掌握哪些技能？
3. 制订一份乒乓球项目新员工服务技能培训计划。
4. 制订一份部门员工月度排班表。
5. 组织召开班前会及部门例会。
6. 怎样对乒乓球服务项目各岗位的员工进行有效管理？
7. 怎样对客人做好乒乓球项目推销办卡服务？
8. 如何规范地提供乒乓球服务？
9. 乒乓球服务需注意哪些关键问题？
10. 总结乒乓球室服务程序。
11. 如何做好乒乓球场地的清洁卫生？
12. 如何对乒乓球场地服务员进行绩效考核？

### 案例分析

**客人要求换球拍**

一位刚退役的乒乓球队的球员来到开元某酒店打乒乓球，服务员小李将他认为适合客人的球拍提供给客人使用。客人在使用过程中，感觉球拍缺少精准度，于是找服务员小李，要求更换球拍。

### 思考并回答

如果你是服务员小李，应该如何与客人沟通呢？

# 任务评价表

组名：_____　　组员姓名：_____　　日期：_____

| 评价内容 | | 自评 | | | 组评 | | | 师评 | | |
|---|---|---|---|---|---|---|---|---|---|---|
| 学习目标 | 评价内容 | 优 | 良 | 中 | 优 | 良 | 中 | 优 | 良 | 中 |
| 知识目标 | 掌握乒乓球场地的服务知识 | | | | | | | | | |
| | 熟悉乒乓球场地主要设备及保养方法 | | | | | | | | | |
| | 熟悉乒乓球项目服务程序与规范 | | | | | | | | | |
| | 熟悉乒乓球场地各岗位的工作职责及任职资格 | | | | | | | | | |
| 能力目标 | 能够掌握乒乓球器材的使用方法 | | | | | | | | | |
| | 能够为客人提供规范的乒乓球项目服务 | | | | | | | | | |
| | 能够处理乒乓球项目服务中遇到的常见问题 | | | | | | | | | |
| | 能够讲述乒乓球室各岗位的职责要求 | | | | | | | | | |
| 素养目标 | 具有乒乓球运动的文化自信 | | | | | | | | | |
| | 具有顾客至上的服务意识 | | | | | | | | | |
| | 具有认真负责的工作态度 | | | | | | | | | |
| | 具有不断学习的进取意识 | | | | | | | | | |
| 任务单 | 内容完整正确 | | | | | | | | | |
| | 书写规范清楚 | | | | | | | | | |
| | 思路清晰、层次分明 | | | | | | | | | |
| 小组合作 | 小组工作氛围融洽 | | | | | | | | | |
| | 成员相互配合密切 | | | | | | | | | |
| | 小组全员参与 | | | | | | | | | |
| 整体评价 | 优秀：☐　　良好：☐　　达标：☐ | | | | | | | | | |
| 教师建议 | | | | | | | | | | |

# 项目六
# 瑜伽项目服务与管理

线上学习资料

瑜伽（yoga）是一个汉语词汇，最早是从印度梵语"yug"或"yuj"而来，其含义为一致、结合、和谐。瑜伽源于古印度，是古印度六大哲学派别中的一系，探寻"梵我合一"的道理与方法。而现代人所称的瑜伽则主要是一系列的修身养性方法。

### 知识目标

1. 掌握瑜伽运动的服务知识
2. 熟悉瑜伽场馆的设施设备及保养知识
3. 熟悉瑜伽运动的服务程序与规范
4. 熟悉瑜伽室各岗位的工作职责及任职资格

### 能力目标

1. 能够掌握瑜伽器材的使用方法
2. 能够为客人提供规范的瑜伽服务
3. 能够处理瑜伽项目服务中遇到的常见问题
4. 能够讲述瑜伽场地各岗位的职责要求

### 素养目标

1. 具有班组团队协作的意识
2. 具有顾客至上的服务意识
3. 具有勤快认真的工作态度
4. 具有谦虚好学的进取意识

### 实训项目

设计酒店瑜伽场地的对客服务情景。

### 项目目标

将班级学生分成若干小组，每组独立完成瑜伽运动项目设计。每组成员用中/英文现场模拟演示本组设计的情景。

# 任务一 瑜伽运动

## 一、瑜伽简介

大约在公元前300年,印度的大圣哲瑜伽之祖帕坦伽利创作了《瑜伽经》,印度瑜伽在其基础上才真正成形,瑜伽行法正式成为完整的八支体系。瑜伽是一个通过提升意识,帮助人类充分发挥潜能的体系。

瑜伽姿势运用古老而易于掌握的技巧,改善人们生理、心理、情感和精神方面的能力,是一种达到身体、心灵与精神和谐统一的运动方式,包括调身的体位法、调息的呼吸法、调心的冥想法等,以达到身心合一。

瑜伽是一项关于身体、心理以及精神的练习,起源于印度,其目的是改善身体和心性。2014年12月11日,联合国大会宣布6月21日为国际瑜伽日,2015年举办了首届6·21国际瑜伽日。

## 二、瑜伽分类

瑜伽分为古典瑜伽和现代瑜伽两大类,近来还包括了正位瑜伽。

瑜伽经过几千年的发展演变,已经衍生出很多派别。正统的印度古典瑜伽包括智瑜伽、业瑜伽、哈他瑜伽、王瑜伽、昆达利尼瑜伽五大体系。不同的瑜伽派别理论有很大差别。智瑜伽提倡培养知识理念;业瑜伽倡导内心修行,引导更加完善的行为;哈他瑜伽包括精神体系和肌体体系;王瑜伽偏于意念和调息;昆达利尼瑜伽着重能量的唤醒与提升。这些不同体系理论的瑜伽,对于修习者来说都是通往精神世界的工具。

## 三、设施设备

### (一)瑜伽馆

瑜伽馆是用于学习和练习瑜伽的专业场所。一般而言,瑜伽馆都有齐全的设施、较全的教学项目,有专业的教练进行教学指导,有宁静良好的氛围。在瑜伽馆练习不仅能使身心健康,让身材更有形,也能认识很多新朋友,让瑜伽爱好者有更近的交流。

### (二)瑜伽器材

瑜伽球也称健身球或瑜伽健身球,是一种配合运动健身的球类运动工具。材质多是柔软的PVC材料,当人体与之接触时,内部充气的健身球会均匀地抚摸人体的接触部位从而产生按摩作用,有益于促进血液循环。瑜伽球的动作编排是针对腹部、背部、腰部等主要部位,练习时要配合缓慢、有节奏的呼吸进行伸展、挤压等动作,令肌肉得到有效的按摩、放松,达到消耗脂肪的功效,同时也有助于提高专注能力、减轻精神压力、增强四肢和脊椎的耐力。

## 四、瑜伽馆的维护保养

(1)在瑜伽馆内请保持安静,不要在室内大声喧哗、追逐打闹。
(2)保持馆内卫生,勿随地吐痰、乱扔纸屑等杂物,禁止在室内进食、吃零食。
(3)请注意保护瑜伽馆的设备,严禁将瑜伽馆的物品带出,如有损坏加倍赔偿。
(4)使用过后请将物品按原样摆放,以便取用。
(5)瑜伽垫、投影仪等使用完毕后统一摆放原处。
(6)严禁酒后进入瑜伽活动场地进行练习。
(7)请保管好个人物品。
(8)进入活动室前,请在门口换好服装和鞋袜。
(9)请遵守瑜伽馆服务人员的管理。

## 任务二　瑜伽项目岗位职责及任职要求

### 一、瑜伽馆领班

在康乐部主管的领导下,瑜伽馆领班带领下属员工按照酒店康乐部瑜伽馆的服务流程和服务规范,开展经营与管理,为客人提供优质的服务。瑜伽馆领班需要具备以下的任职资格和承担以下岗位职责,如表2-28所示。

表 2-28 瑜伽馆领班任职要求与岗位职责

| 内容 | 细则 |
|---|---|
| 上下级关系 | 直接上级：康乐部主管<br>直接下级：瑜伽馆服务员 |
| 岗位概述 | 在康乐部主管的领导下，带领员工按照瑜伽馆岗位操作流程开展对客服务；能根据营业情况，提出建设性的意见，积极推销瑜伽馆会员卡，增加收入 |
| 任职资格 | 1. 学历要求：高中（中专）及以上学历<br>2. 体貌要求：身体健康，五官端正<br>3. 外语水平：具有基础的英语沟通能力<br>4. 培训记录：参加过酒店新员工入职培训及部门瑜伽馆岗位技能培训<br>5. 工作经验：有 2 年以上瑜伽馆工作经验<br>6. 基本素质：能指导员工掌握和讲解瑜伽馆的消费方式，善于引导客人参与瑜伽活动，有一定的销售意识及管理水平，熟悉电脑操作；有良好的团队协作能力、沟通能力、服务意识及管理能力，具有良好的敬业精神 |
| 岗位职责 | 1. 负责制订瑜伽馆的营业计划，经批准后执行<br>2. 制订瑜伽馆员工岗位技能培训计划，经批准后协助培训部实施、考核<br>3. 负责瑜伽馆管理员、服务员的工作岗位调配，报康乐部主管批准后执行，并转入人力资源部备案<br>4. 负责布置瑜伽馆管理员、服务员工作任务<br>5. 巡视检查瑜伽馆的各项工作，记录瑜伽馆管理员、服务员的考勤情况<br>6. 填写瑜伽馆管理员、服务员的过失单和奖励单，根据权限，按照项目进行处理<br>7. 负责每日召集瑜伽馆管理员、服务员进行营业前布置，营业后总结<br>8. 负责巡视、检查瑜伽馆的各项工作<br>9. 向瑜伽馆客人说明有关规定和注意事项，劝阻客人的违规行为和不文明举止，维持瑜伽馆正常营业秩序<br>10. 拒绝不符合规定的客人进入瑜伽馆<br>11. 受理客人对瑜伽馆工作人员的投诉，按照项目进行处理<br>12. 根据服务员提供的记录，整理出客人消费的账单，按照项目，请客人付款或签单<br>13. 审批机房管理员提出的报修单，检查维修的结果，掌握设备运作的状况<br>14. 记录瑜伽馆营业状况的流水账，统计每日的营业额以及成本费用<br>15. 完成主管交办的其他事宜 |

## 二、瑜伽馆服务员

瑜伽馆服务人员是为客人提供优质服务的基础和保障，瑜伽服务人员应具备以下任职资格和承担以下岗位职责，如表 2-29 所示。

表 2-29 瑜伽馆服务员任职要求与岗位职责

| 内容 | 细则 |
|---|---|
| 上下级关系 | 直接上级：瑜伽馆领班<br>直接下级：无 |
| 岗位概述 | 在康乐部瑜伽馆领班的领导下，按照服务流程和规范，为宾客提供瑜伽服务 |
| 任职资格 | 1. 学历要求：高中（中专）及以上学历<br>2. 体貌要求：身体健康，五官端正<br>3. 外语水平：具有基础的英语沟通能力<br>4. 培训记录：参加过酒店新员工入职培训及部门瑜伽馆岗位技能培训<br>5. 工作经验：有1年以上康乐瑜伽工作经验，或相关专业院校毕业<br>6. 基本素质：能够熟练地为客人讲解示范瑜伽的练习方法；能够根据瑜伽馆工作服务规范和服务项目，为客人提供优质的接待服务；具有较强的酒店产品推销能力，具有较好的人际关系处理能力 |
| 岗位职责 | 1. 负责瑜伽馆的接待服务工作，包括领位服务、接待服务、茶点服务、结账服务以及客人在瑜伽馆消费期间的其他服务工作<br>2. 负责瑜伽馆营业场地的卫生清洁保养工作，范围包括大厅、吧台、卫生间、衣帽间等公共场所<br>3. 负责瑜伽馆营业前的器材和其他物品的准备工作<br>4. 负责向客人推销酒水<br>5. 认真做好营业期间的消防、安全防范工作，注意观察客人的异常情况，发现问题应及时逐级汇报<br>6. 能够及时发现瑜伽馆的设施、设备运转中的非正常情况，并采取相应的应对措施<br>7. 及时处理瑜伽馆发生的突发事件 |

## 任务三　瑜伽服务流程与规范

为提高瑜伽馆的对客服务水平和服务质量，需按照一定的服务流程和规范进行操作，具体可以参考以下要求，如表 2-30 所示。

表 2-30 瑜伽馆服务流程与服务规范

| 服务流程 | 服务规范 |
|---|---|
| 岗前准备 | 1. 检查仪容仪表。作为酒店康乐部的员工，要为客人提供标准化的服务，在瑜伽馆服务员为求统一标准，突出酒店的经营特色，仪容仪表要符合统一要求，保持个人清洁卫生<br>2. 召开班前会。领班检查仪容仪表，分配预订接待任务，提出接待要求<br>3. 完成清洁卫生工作，打扫责任区域。瑜伽馆作为瑜伽活动的场所要求清洁无尘。瑜伽馆通风透气、空气清新，无异味；清理茶几、前台、总台、音响、饮水机等营业场所的所有设施的灰尘，镜子、吹风筒、护手霜、毛巾、梳子等物品齐备，地面洁净 |

（续表）

| 服务流程 | 服务规范 |
|---|---|
| 岗前准备 | 4. 班前准备工作。各岗位工作人员检查服务用品和客用物品的准备情况，提前为客人的休闲消费创造便利条件。正式营业前5分钟，员工在工作岗位上以标准站姿恭候客人 |
| 迎客领位服务 | 1. 站立于吧台迎接客人，面带微笑并问候，对于常来客人要称呼其姓名或职务<br>2. 如客人参观，应迅速打开全部灯光，并向客人介绍及解答客人提出的问题<br>3. 询问客人有无预订，与客人礼貌核实预订信息，确认预订后迅速打开房间灯光，根据客人要求将空调调至适宜温度 |
| 客人健身前的服务 | 1. 询问客人是否需要购买瑜伽服，告知收费标准<br>2. 主动为客人指示更衣柜所在位置<br>3. 询问客人是否需要介绍设备器材的使用方法<br>4. 帮客人选好器材物品，确认设施设备完好<br>5. 告知客人练习开始时间，并询问是否需要其他服务<br>6. 对初次参与此项活动的客人，服务员要主动向客人讲解简单的练习方法和规则<br>7. 主动询问客人是否需要饮料或茶水。如客人需要，重复一遍客人要求并告知价格以确认。上饮料时，主动询问客人是否打开，若不打开，应将玻璃杯倒置在杯垫上 |
| 瑜伽馆服务 | 1. 协助瑜伽教练为客人进行体能、体质测试及体形测量，根据客人健身目标和要求提出建议方案和锻炼计划<br>2. 保持洗浴间的整洁，及时收拾香皂头、杂物，清洁摆放洗浴用品的台面、皂碟<br>3. 保持卫生间的清洁，及时更换纸篓中的垃圾袋，清洁坐便器，补充厕纸，喷洒除味剂<br>4. 保持更衣室清洁，及时收拾香皂头、杂物、拖鞋，发现更衣柜上有遗留的钥匙应立即送服务台并做好登记，以便客人查询<br>5. 保持休息区的整洁，及时为客人添加饮料等<br>6. 每场休息时，服务员要立即将客人用过的软垫等清洁干净并归放原位<br>7. 客人健身过程中若出现扭伤等情况，服务员要及时给予简单救治 |
| 安全服务 | 1. 健身房必须配备急救箱、氧气袋及急救药品<br>2. 客人有身体不适现象，应及时照顾并采取有效措施<br>3. 运动健身过程中客人发生碰伤，应及时提供急救药品，照顾周到 |
| 送别客人服务 | 1. 客人离开时，检查有无遗留物品，提醒客人将更衣柜钥匙等交回服务台<br>2. 送客人至门口并礼貌向客人道别<br>3. 检查健身设施、设备有无损坏，收放瑜伽垫、球等瑜伽用品，清洁干净并归放原位，清洁整理休息区、更衣室 |

## 任务四　瑜伽服务与管理技能训练

**实训目标**

通过实地考察，使学生学会瑜伽项目服务的相关技能。

### 实训内容

走访校企合作的高星级酒店康乐部,了解瑜伽岗位设置及各岗位服务人员的岗位职责,观摩各岗位的对客服务情况。

### 实训步骤

第一步:教师下达实训任务书,并作讲解说明。

第二步:将班级分成 4~5 个小组,每组 4~5 人,每组根据"瑜伽服务项目技能实训任务书"的内容,选择 3~4 个问题,实地考察酒店康乐部瑜伽馆服务项目,通过现场观察,参与实践,访谈专业人员,查找资料,分析讨论,形成问题答案。

第三步:各小组在班级分享调查结果。

第四步:教师归纳分析,总结成果。

### 实训成果

提交实训报告。

---

## 瑜伽服务项目技能实训任务书

组名:_____　　组员姓名:_____　　日期:_____

1. 制订一份瑜伽馆营收计划。
2. 瑜伽馆新员工需要掌握哪些技能?
3. 制订一份瑜伽馆新员工的服务技能培训计划。
4. 制订一份部门员工月度排班表。
5. 组织召开班前会及部门例会。
6. 怎样对瑜伽服务项目各岗位的员工进行有效管理?
7. 怎样做好瑜伽推销办卡服务?
8. 如何规范地提供瑜伽服务?
9. 瑜伽服务需注意哪些关键问题?
10. 总结瑜伽服务的程序。
11. 如何做好瑜伽馆的清洁卫生?
12. 如何对瑜伽馆各岗位进行业绩考核?

### 案例分析

#### 常客不来了

林女士是一家知名企业的高级白领,晚上经常来到开元某五星级酒店康乐中心的健身房练习瑜伽,之前每次都是服务员小莉接待。前几天小莉家中有事休假,由新来的小倩带班。小倩对瑜伽馆的环境不熟悉,性格也比较内向,很少主动招呼客人,健身房的物品摆放也没有及时归位,卫生没有及时清理,上次地板上有水迹,林女士差点摔一跤,后来,林女士再也不来了。

### 思考并回答

1. 小倩错在哪里?
2. 如果是你,会怎样做?

# 任务评价表

组名：_____  组员姓名：_____  日期：_____

| 学习目标 | 评价内容 | 自评 | | | 组评 | | | 师评 | | |
|---|---|---|---|---|---|---|---|---|---|---|
| | | 优 | 良 | 中 | 优 | 良 | 中 | 优 | 良 | 中 |
| 知识目标 | 掌握瑜伽馆的服务知识 | | | | | | | | | |
| | 熟悉瑜伽馆主要设备及保养知识 | | | | | | | | | |
| | 熟悉瑜伽馆的服务程序与规范 | | | | | | | | | |
| | 熟悉瑜伽馆各岗位的工作职责及任职资格 | | | | | | | | | |
| 能力目标 | 能够掌握瑜伽器材的使用方法 | | | | | | | | | |
| | 能够为客人提供规范的瑜伽服务 | | | | | | | | | |
| | 能够处理瑜伽服务中遇到的常见问题 | | | | | | | | | |
| | 能够讲述瑜伽场地各岗位的职责要求 | | | | | | | | | |
| 素养目标 | 具有班组团队协作的意识 | | | | | | | | | |
| | 具有顾客至上的服务意识 | | | | | | | | | |
| | 具有勤快认真的工作态度 | | | | | | | | | |
| | 具有谦虚好学的进取意识 | | | | | | | | | |
| 任务单 | 内容完整正确 | | | | | | | | | |
| | 书写规范清楚 | | | | | | | | | |
| | 思路清晰、层次分明 | | | | | | | | | |
| 小组合作 | 小组工作氛围融洽 | | | | | | | | | |
| | 成员相互配合密切 | | | | | | | | | |
| | 小组全员参与 | | | | | | | | | |
| 整体评价 | 优秀：□　　良好：□　　达标：□ | | | | | | | | | |
| 教师建议 | | | | | | | | | | |

# 项目七
# 高尔夫项目服务与管理

线上学习资料

高尔夫球是一种以棒击球入穴的球类运动，是集运动、休闲和社交于一体的高雅运动项目。如今，已经成为贵族运动的代名词。它是一项集享受自然乐趣、体育锻炼和游戏于一体的运动。

### 知识目标

1. 知晓高尔夫运动的发展过程及专业术语
2. 熟悉高尔夫项目的场地、用品等设施设备及保养知识
3. 熟悉高尔夫项目的相关规则及服务规范
4. 熟悉高尔夫球场岗位的工作职责及任职资格

### 能力目标

1. 能够为客人展示高尔夫运动的器材使用方法
2. 能够为客人提供规范的高尔夫项目接待服务
3. 能够处理高尔夫项目服务中遇到的常见问题
4. 能够讲述高尔夫球场各岗位的职责要求

### 素养目标

1. 具有班组协作的团队意识
2. 具有以客为尊的服务意识
3. 具有勤快认真的服务态度
4. 具有谦逊好学的进取意识

### 实训项目

设计酒店康乐部高尔夫球场的对客服务情景。

## 模块二·项目七 高尔夫项目服务与管理

> **项目目标**
>
> 将班级学生分成若干小组,每组独立完成高尔夫项目设计。每组成员用中/英文现场模拟演示本组设计的情景。

## 任务一 高尔夫球运动

### 一、高尔夫球运动简介

高尔夫球运动是一项极富魅力的运动项目。"高尔夫"原义是"在绿地和新鲜空气中的美好生活"。高尔夫的英文单词是 golf,由绿色(green)、氧气(oxygen)、光(light)和脚(foot)的第一个英文字母组成,取意在明媚的阳光下,踏着绿色的草地,呼吸着清新的空气,进行最休闲惬意的健身运动。它不仅能锻炼人的手、臂、腰、腿、脚、眼等各器官、部位的协调配合,还能锻炼人的耐心、毅力等意志品质和心理素质。既练形体,还练精神,修身养性,陶冶情操。

高尔夫球起源于 15 世纪或更早以前的苏格兰。苏格兰地区山多,气候湿润、多雾,极适合牧草生长。这里在工业文明以前是连绵不断的牧场。相传当时牧羊人放牧闲暇时,用木板玩游戏,将石子击入兔子窝或洞中,久而久之形成了使用不同的球杆并按一定的规则击球。苏格兰地区  冬季非常寒冷,每次出去打球时每人总爱带一瓶烈酒放在后口袋中,每次发球前先用瓶盖喝一小瓶盖酒。一瓶酒 18 盎司,而一瓶盖正好是 1 盎司。打完 18 洞,酒也喝完了,这么冷的天气也只好回去了,时间长了,很多人便认为打一场球必须打 18 洞。

19 世纪,高尔夫球被欧洲人带到了美洲,1922 年,世界上第一次国际性比赛是美国对英国的"沃克杯"高尔夫球对抗赛。高尔夫球运动是在室外广阔的草地上进行,设 9 或 18 个穴。运动员逐一击球入穴,以击球次数少者为胜。比赛一般分单打和团体两种。

19 世纪 20 年代又传到了亚洲。1896 年,上海高尔夫球俱乐部成立,标志着这项已有几百年历史的运动进入了中国。改革开放以后,高尔夫球运动在中国兴起。1985 年 5 月,中国高尔夫球俱乐部在北京成立。随着社会的发展,人们生活水平的提高,高尔夫球运动逐渐被中国人所接受,热衷于这项运动的人也越来越多。

1860 年,英格兰举行了最早的高尔夫球公开赛。在这一年中,印度、加拿大、新西兰、美国等国家也相继举办比赛,继而进行国家、洲际乃至世界性的比赛。世界杯、英格兰和美国公开赛这三项比赛,可以说是高尔夫球的最高水平的竞赛。

高尔夫球虽然是一项高雅的、深受人们喜爱的绅士运动,但由于高尔夫球场占地面积大,地面质量要求高,打球的器械种类多、质量要求严格,服务需求多、档次高,因此投资巨大,消费昂贵,被称为"贵族运动"。

## 二、设施设备

### (一)室外高尔夫

#### 1. 高尔夫球场

高尔夫球场主要由草地、湖泊、沙地和树木组成,场地内的地面必须由质量很高、品质很好的草皮铺成。标准场地长约 600 米,占地面积约 604 平方千米,宽度不限,整个球场至少设置 18 个球洞,分前 9 洞、后 9 洞。每个洞区主要由发球区、球道、果岭三个部分组成,发球区和果岭之间的通道既要有平坦的球道,也要有高低不平、粗糙的地形及沙洼地、水沟、小树林等障碍物。

#### 2. 发球区

发球区指每洞第一次击球时所在的光滑、平整的草坪。发球区设有发球台,每个发球台设三组远近不同的标记,为发球线。最前面的为业余女子发球线(红色),中间为业余男子和高水平女子发球线(白色),最远的为高水平男子发球线(蓝色)。

#### 3. 球道

球道有长、中、短三种。长球道共 4 条,前后 9 洞各 2 条,男子距离在 430 米以上,女子距离在 401~526 米。中球道共 10 条,前后 9 洞各 5 条,男子距离在 228~430 米,女子距离在 193~366 米。短球道共 4 条,前后 9 洞各 2 条,男子距离在 228 米以内,女子距离在 193 米以内。

#### 4. 果岭

果岭指每条球道的终点区域,中间设置有球洞的洞穴。

#### 5. 洞穴

洞穴是指埋入地下、供球落入的金属杯。洞穴直径为 1.8 厘米、深 10.2 厘米,金属杯的上沿低于地面约 2.5 厘米。

### 6. 标志旗

标志旗是系于细长旗杆上的小旗，旗上标有洞号，能为远离果岭的球手指明方位。近距离向洞穴击球时，旗杆可暂时拔出。

### 7. 高尔夫球

高尔夫球为白色，表面有凹凸坑，质地坚硬并富有弹性。美国高尔夫球协会规定球的直径为 4.27 厘米，重 45.93 克。

### 8. 高尔夫球座

球座是插入草坪的一个小木桩，上为凹面的圆顶。比赛选手在开球时必须将球放在木桩顶端，以便准确将球向前方洞穴击出。

### 9. 高尔夫球杆

高尔夫球杆长 0.91～1.29 米，用木材或塑料与金属组合制成。运动时要根据击远、击近、击高的不同需要分别使用各种不同的球杆。球杆袋也称为球包，可装下全套的球杆和其他必备装备。

### 10. 高尔夫球服饰

高尔夫球被称作绅士运动和贵族运动，打球者的穿戴应遵守约定俗成的规矩。首先，运动衣和衬衣必须有领子，无领汗衫或 T 恤衫也均在禁穿之列。当然如果天气较冷，也可穿质地较好的休闲西装或夹克衫。最好不要穿普通的运动短裤或牛仔裤，而改穿"正统"的长西裤或短西裤。高尔夫球鞋由皮革制成，鞋底有 12 个左右的鞋底钉，可防止打滑，使选手挥杆时保持身体平衡。固定这些鞋钉的螺丝一定要牢靠。同时，为了在手握杆时，使手与球杆能轻松而牢固地联成一体，避免磨手，从而更好地挥杆击球，也为了防寒，在打室外高尔夫球时要戴手套。不妨还可以戴上一顶浅色的阔边太阳帽，既可防止阳光直射，又可增添风度。

## （二）室内高尔夫

### 1. 显示屏幕

显示屏幕即用投影机投射的大屏幕，由耐用的尼龙纤维织成，具有较高的防火和耐击打性能，用来显示所选的球场景观，投影清晰度高。

### 2. 击球平台和防护篷支架

击球平台由在木条上面覆盖厚的胶合板及人造草坪构成，这个击球平台同时也是防护篷支架的基础。防护篷支架是立在击球平台上的支撑防护篷。

### 3. 计算机

计算机用来显示系统功能菜单和球道的俯视全貌图，帮助打球者定位。其中，设有计算机球童——仿真的服务生，它具备多种语言系统（英文、中文、日文、韩文等），并且视打球者的水平和需求为其选择合适的球杆。客人每挥一杆，计算机球童会立即报告击球的速度、角度和落点距离，并建议客人选用的球杆号码。随着球落地的状况配有现场声响效果，整个过程如置身于真正的高尔夫球场。

### 4. 投影机

将球场和击球状况进行投影，具有高频扫描作用，并装配方便的数字聚集系统，可悬挂在支架上或安装在天花板上。

### 5. 测量器

安装在仿真人造草坪上，负责测量击球的距离等指标。

### 6. 缓冲墙

安装于显示屏侧面的辅助墙面上。

## 三、运动规则

高尔夫的基本规则就是将一颗球自发球台连续打击至其进洞为止，即由第一杆开始，接着第二、第三杆，重复地击球，直至将球打进洞。但必须注意的是，每次打球前都须等球处于静止状态。高尔夫比赛分为比杆赛和比洞赛两种。

（1）比杆赛：就是在打完18洞之后，把击打的所有杆数加起来，根据总杆数判断胜败。总数最低者为比赛优胜者。

（2）比洞赛：比洞赛的基础是算杆数，它是以每洞的杆数来判断胜负的，最后根据洞数的累计胜负来判断比赛胜负，即每一洞都会判断出这一洞的胜负，最后再相加。

高尔夫的成绩计算方法主要有平均法和新新贝利亚计算法两种：

1）平均法（差点低者胜）：

　　差点＝五次比赛的平均成绩（每次比赛18个洞）－标准杆（一般为72杆）

2）新新贝利亚计算法（净杆数低者胜）：

① 从18洞中任选12洞的杆数，再通过以下公式算出总杆数：

$$12洞的杆数总和\times 1.5=总杆数$$

② 算出差点：

$$（总杆数-标准杆）\times 0.8=差点$$

结合①中的公式：

$$（12洞杆数总和\times 1.5-标准杆）\times 0.8=差点$$

③ 算出净杆：

净杆＝总杆－差点

## 任务二　高尔夫球项目岗位职责及任职要求

高尔夫球场通常设有领班、服务员、球童等岗位，如图 2-3 所示。

图 2-3　高尔夫球场组织结构图

### 一、高尔夫球场领班

高尔夫球场领班负责管理高尔夫球场的日常活动，并组织所属员工做好对客服务工作，确保满意的服务，如表 2-31 所示。

表 2-31　高尔夫球场领班任职资格与岗位职责

| 内容 | 细则 |
| --- | --- |
| 上下级关系 | 直接上级：康乐部主管<br>直接下级：高尔夫球场服务员 |
| 岗位概述 | 在康乐部主管的领导下，带领员工按照高尔夫球场操作流程开展对客服务；能根据营业情况，提出建设性的意见，积极销售高尔夫球会员卡，增加收入；协助主管在保证营业需要的前提下，能有效控制营业成本，做好开源节流工作 |
| 任职资格 | 1. 学历要求：大专及以上学历<br>2. 体貌要求：身体健康，五官端正<br>3. 外语水平：有较强的语言表达能力和沟通能力，有一定的外语会话能力<br>4. 培训记录：参加过酒店新员工入职培训及高尔夫球部门岗位技能培训<br>5. 工作经验：有 2 年以上康乐部高尔夫球场工作经验<br>6. 基本素质：懂得高尔夫球场各种设施设备的使用方法和日常维护保养方法；具有高尔夫球场营业管理知识，有良好的人事管理、组织管理、物资管理、设备管理的知识；能妥善处理上下级和班组成员间的关系，能正确处理客人投诉，保持良好的人际关系，具有良好的敬业精神 |

(续表)

| 内容 | 细 则 |
|---|---|
| 岗位职责 | 1. 负责高尔夫球场日常管理工作<br>2. 制订高尔夫球场员工岗位技能培训计划，按照计划对员工进行培训，不断提高其服务技能<br>3. 编排服务员、球童的班次，负责布置服务员、球童的工作任务<br>4. 负责检查高尔夫球场经营活动中的对客服务和接待工作<br>5. 检查员工的仪容着装、礼节礼貌、劳动态度和工作效率，准确记录员工的考勤情况<br>6. 检查高尔夫球场场地的卫生清洁情况及安全防范工作<br>7. 负责球场设施、设备及球杆的使用管理工作，定期检查保养情况，如有损坏须立即报修<br>8. 受理高尔夫球场客人的投诉，并及时进行处理，保证营业活动的正常开展<br>9. 负责高尔夫球场的物品领用，经康乐部经理批准后，向仓库领取并做好保管工作<br>10. 做好员工的考核评估工作<br>11. 负责每日召开班前布置会、班后总结会<br>12. 贯彻执行上级的指示，保持信息沟通，完成康乐部主管交办的其他工作 |

## 二、高尔夫球场服务员

在高尔夫球场领班的领导下，按照高尔夫球场操作流程开展对客服务，如表 2-32 所示。

表 2-32　高尔夫球场服务员任职资格与岗位职责

| 内容 | 细 则 |
|---|---|
| 上下级关系 | 直接上级：高尔夫球场领班<br>直接下级：无 |
| 岗位概述 | 负责高尔夫球场的预订、接待、卫生清洁、工具保养及安全保卫工作 |
| 任职资格 | 1. 学历要求：高中（中专）及以上学历<br>2. 体貌要求：身体健康，五官端正<br>3. 外语水平：有一定的外语会话能力<br>4. 培训记录：参加过酒店新员工入职培训及高尔夫球部门岗位技能培训<br>5. 工作经验：有 1 年以上康乐部工作经验<br>6. 基本素质：熟悉高尔夫球场工作服务规范和服务程序；具有一定的高尔夫球运动水平，熟悉高尔夫球活动规则，能够提供陪练服务；懂得维护和保养高尔夫球器具及场地设施；具有较强的酒店产品推销能力、人际关系处理能力 |
| 岗位职责 | 1. 负责高尔夫球场的接待服务工作<br>2. 做好营业前的各项准备，检查营业用品并补齐，布置好球场有关器具，检查客用品有无损坏 |

(续表)

| 内容 | 细　则 |
|---|---|
| 岗位职责 | 3. 负责客人物品的保管，确保客人的人身安全<br>4. 负责高尔夫球场场地和设备的卫生清洁、维护保养工作<br>5. 掌握高尔夫球运动的一般技巧，根据客人需要给予适当的技术咨询或指导，为客人提供陪练服务<br>6. 向客人提供饮品，并能够适时地推销<br>7. 认真做好营业期间的消防、安全防范工作<br>8. 认真执行营业时的球场规章制度，确保球场秩序良好<br>9. 及时处理高尔夫球场发生的各种突发事件<br>10. 填写服务记录，负责清场工作<br>11. 熟练地操作高尔夫球场内的各种设备，并能排除一般故障 |

## 三、高尔夫球场球童

在高尔夫球场领班的领导下，熟悉高尔夫球球场服务规范和技能技巧，需符合以下要求，如表 2-33 所示。

表 2-33　高尔夫球场球童的任职资格与岗位职责

| 内容 | 细　则 |
|---|---|
| 上下级关系 | 直接上级：高尔夫球场领班<br>直接下级：无 |
| 岗位概述 | 帮助客人选杆，并指导客人打球，熟练驾驶球车，为客人提供相关服务 |
| 任职资格 | 1. 学历要求：高中（中职）及以上学历<br>2. 体貌要求：身体健康，五官端正<br>3. 外语水平：有良好的英语会话能力<br>4. 培训记录：参加过酒店新员工入职培训及高尔夫球部门岗位技能培训<br>5. 工作经验：有 1 年以上康乐部工作经验<br>6. 基本素质：仪容仪表端正，具有良好的服务意识和职业道德，讲究礼貌礼节；熟悉高尔夫球球会和部门规章制度 |
| 岗位职责 | 1. 帮助客人选杆，并为客人打球提供建议<br>2. 耐心解答客人的询问，并提供标准、规范的动作示范<br>3. 根据客人需要给予适当的技术咨询或指导，为客人提供陪练服务<br>4. 为客人提供保管球包、开电瓶车、捡球、递球杆、递毛巾和递水等服务<br>5. 维持球场秩序，确保球场秩序良好<br>6. 客人不适或发生意外时，能够及时采取急救措施，及时处理高尔夫球场发生的突发事件 |

# 任务三　高尔夫球场服务流程与规范

## 一、高尔夫球场服务流程与规则

高尔夫是一种高雅的运动，球场管理及服务人员需按照一定的服务流程与规范进行接待服务，才能为客人提供优质的服务，如表 2-34 所示。

表 2-34　高尔夫球服务流程与服务规范

| 服务流程 | 服务规范 |
| --- | --- |
| 岗前准备 | 1. 穿好工服，佩戴胸卡，整理好自己的仪容仪表，提前到岗，向领班报到，参加班前会，接受领班检查及分工<br>2. 按规定的时间做好营业前的准备工作，清洁座椅、茶几、烟灰缸、地毯和太阳伞等<br>3. 做好高尔夫球场、休息区、更衣室、淋浴室与卫生间的清洁卫生<br>4. 检查各项设施是否完好，如果发现问题设法修理或报工程部门<br>5. 将供客人租用的球具、手套、球鞋等准备好，补齐各类营业用品和服务用品<br>6. 检查交接班本，了解宾客预订情况 |
| 预订服务 | 1. 接到预订电话后要主动向客人介绍高尔夫球场的情况与收费标准<br>2. 记录客人的姓名、电话、到达时间、来客人数等<br>3. 向客人重复一遍以便确认，并向客人说明保留预约的时间，做好登记<br>4. 向客人致谢<br>5. 预订确认后，要立即通知有关服务部门提前做好服务准备 |
| 迎客服务 | 1. 服务台服务员应面带微笑，主动问候客人<br>2. 询问客人是否有预订，向客人介绍收费标准等，并与客人确认开始计时的时刻<br>3. 为客人进行登记，开记录单，收取押金，并请客人在场地使用登记表上签字<br>4. 对无预订的客人，若场地已满，应安排其按顺序等候，并告知等候的大约时间，为客人提供茶水和书报杂志等<br>5. 向客人提供更衣柜钥匙、毛巾等，引领客人至更衣室 |
| 球场服务 | 1. 球场服务员应主动问候客人，并接过客人手中的球具袋，引领客人到座位旁<br>2. 主动帮助客人将其球具袋内的球、球杆、手套和球鞋等取出，为客人摆放好<br>3. 客人换下的鞋子应收拾到鞋柜里，并提醒客人如果需要擦鞋服务，可以通知服务人员<br>4. 对于没有携带球具的客人，应主动询问他们喜欢什么样的球具和所需运动鞋的尺码，并迅速到服务台为其领取<br>5. 将客人的球具和其他设备清点并装车，按客人前后进场顺序分上 9 洞和下 9 洞进行场地安排 |

(续表)

| 服务流程 | 服务规范 |
| --- | --- |
| 球场服务 | 6. 将客人带入发球区,并根据客人的要求安排在白、蓝、红不同的发球区发球<br>7. 介绍洞的码数并指导客人合理选用球杆<br>8. 及时提供捡球、送球服务<br>9. 当客人攻上果岭以后,服务员要帮助客人瞄准,并将标志旗拿下,客人根据果岭的不同地形考虑推杆的方向<br>10. 客人将球击入球洞后,服务员要及时公布该洞使用的杆数,并记录到球卡上,随后带领客人进入下一个洞的发球区域<br>11. 客人休息时,服务员要根据客人需要及时提供饮料、毛巾等<br>12. 客人打完全部洞穴后,服务员应将客人使用的所有球具擦干净,清点完毕送至客人的车上<br>13. 如客人需要淋浴,则将客人引领到淋浴室并为客人准备好毛巾和拖鞋 |
| 结账服务 | 1. 客人消费结束时,服务员应帮助客人收拾球具或帮助客人归还租用的器材,提醒客人带好随身物品,协助客人到收银台结账<br>2. 如果客人要求挂单,收银员要请客人出示房卡并与前台收银处联系。待确认后请客人签字并认真核对客人的笔迹,如果未获前台收银处同意或认定笔迹不一致则请客人以现金结付 |
| 送别客人 | 1. 礼貌地向客人道别,并请客人下次光临<br>2. 对场地进行彻底清理,将卫生状况恢复至满足营业的要求,准备迎接下一批客人的到来<br>3. 按规定对客人租用的球鞋、球具进行清洁,修理损坏的发球架和球具等 |

## 二、高尔夫球运动礼仪

高尔夫球运动是一项绅士运动,因此对礼貌礼节也特别注重,如表 2-35 所示。

表 2-35 高尔夫球运动礼仪

| 项目 | 内容 |
| --- | --- |
| 球员礼仪 | 1. 在挥杆之前,应先查看挥杆范围内有无其他人,即须等到前组球员走出球的射程范围之后,方可击球<br>2. 在其他球员打球时,不应四处喧哗,以免影响他人击球<br>3. 打球时,球员绝不能拖延时间<br>4. 球场上的优先权由一组球员的打球速度决定<br>5. 与朋友打球或参加比赛时,不能迟到。对迟到的高尔夫球员有两种处罚方式,比洞赛为第一洞处罚输球,比杆赛为处罚两杆 |
| 果岭礼仪 | 1. 果岭是球场中最脆弱的部分,球员在果岭比赛时,不能跑动,不能走路拖步,不能携带除推杆以外的球具进入果岭,以免破坏果岭<br>2. 球员有义务及时修复落球时所造成的果岭表面损伤 |

# 任务四　高尔夫球服务与管理技能训练

### 实训目标
通过实地考察，使学生学会高尔夫球项目服务的相关技能。

### 实训内容
走访校企合作的高星级酒店康乐部，了解高尔夫球岗位设置及各岗位服务人员的岗位职责，观摩各岗位的对客服务情况。

### 实训步骤
第一步：教师下达实训任务书，并作讲解说明。

第二步：将班级分成4~5个小组，每组4~5人，每组根据"高尔夫球服务项目技能实训任务书"的内容，选择3~4个问题，实地考察酒店康乐部高尔夫球场服务项目，通过现场观察，参与实践，访谈专业人员，查找资料，分析讨论，形成问题答案。

第三步：各小组在班级分享调查结果。

第四步：教师归纳分析，总结成果。

### 实训成果
提交实训报告。

---

**高尔夫球服务项目技能实训任务书**

组名：_____　　组员姓名：_____　　日期：_____

1. 制订一份高尔夫球场营收计划。
2. 高尔夫球项目新员工需要掌握哪些技能？
3. 制订一份高尔夫球新员工服务技能培训计划。
4. 制订一份部门员工月度排班表。
5. 组织召开班前会及部门例会。
6. 怎样对高尔夫球服务项目各岗位的员工进行有效管理？
7. 怎样做好高尔夫球推销办卡服务？
8. 如何规范地提供高尔夫球服务？
9. 高尔夫球服务需注意哪些关键问题？

10. 总结高尔夫球服务程序。
11. 如何管理高尔夫球场地的清洁卫生？
12. 如何对高尔夫球场地服务员进行业绩考核？

### 案例分析

#### 迟来的鲜榨果汁

开元某酒店的室内高尔夫练习场，王先生正在挥汗如雨地练习挥杆技术，不一会儿，觉得口渴的王先生叫服务员小周帮他到吧台买两杯鲜榨果汁。

20分钟后，王先生见果汁还没有上来，便问小周为什么果汁还没有上来，小周说："请您稍等，马上就给您上。"

又过了15分钟，王先生还没有见到果汁，又问小周，小周答道："马上给您上！""你们的马上是多久啊？现在都半个多小时了，还没有上！"王先生忍不住生气了。小周向王先生道歉，并马上跑到吧台去问，这回果汁真的上来了，但王先生由于有事，没有喝那杯果汁便走了。

从此，王先生不再光顾该酒店，还经常跟朋友们提起那家酒店的劣质服务。

### 思考并回答

1. 如果你是小周的领班，会教他如何处理此事？
2. 在王先生愤然离去后，还有什么办法可以挽回这位客人？

## 任务评价表

组名：_____　　　组员姓名：_____　　　日期：_____

| 评价内容 | | 自评 | | | 组评 | | | 师评 | | |
|---|---|---|---|---|---|---|---|---|---|---|
| 学习目标 | 评价内容 | 优 | 良 | 中 | 优 | 良 | 中 | 优 | 良 | 中 |
| 知识目标 | 知晓高尔夫运动的发展过程及专业术语 | | | | | | | | | |
| | 熟悉高尔夫项目的场地、用品等设施设备及保养知识 | | | | | | | | | |
| | 熟悉高尔夫项目的相关规则及服务规范 | | | | | | | | | |
| | 熟悉高尔夫球场岗位的工作职责及任职资格 | | | | | | | | | |
| 能力目标 | 能够为客人展示高尔夫运动的器材使用方法 | | | | | | | | | |
| | 能够为客人提供规范的高尔夫项目接待服务 | | | | | | | | | |
| | 能够处理高尔夫项目服务中遇到的常见问题 | | | | | | | | | |
| | 能够讲述高尔夫球场各岗位的职责要求 | | | | | | | | | |
| 素养目标 | 具有班组协作的团队意识 | | | | | | | | | |
| | 具有以客为尊的服务意识 | | | | | | | | | |
| | 具有勤快认真的服务态度 | | | | | | | | | |
| | 具有谦逊好学的进取意识 | | | | | | | | | |
| 任务单 | 内容完整正确 | | | | | | | | | |
| | 书写规范清楚 | | | | | | | | | |
| | 思路清晰、层次分明 | | | | | | | | | |
| 小组合作 | 小组工作氛围融洽 | | | | | | | | | |
| | 成员相互配合密切 | | | | | | | | | |
| | 小组全员参与 | | | | | | | | | |
| 整体评价 | 优秀：□　　良好：□　　达标：□ | | | | | | | | | |
| 教师建议 | | | | | | | | | | |

# 模块三

# 休闲娱乐类项目

# 项目一
# 酒吧项目服务与管理

线上学习资料

随着社会的发展，人们消费意识的提高，酒吧逐渐从餐馆中分离出来，成为专门的销售酒水，供客人交友、聚会的场所。约 20 世纪 90 年代，各种类型的酒吧开始兴起，并形成一定的市场规模。

### 知识目标

1. 掌握酒吧的酒水知识
2. 熟悉酒吧主要设备用具及使用知识
3. 熟悉酒吧的服务程序与规范
4. 熟悉酒吧各岗位的工作职责及任职资格

### 能力目标

1. 能够掌握酒吧设备的使用方法
2. 能够为客人提供规范的酒水服务
3. 能够处理酒吧服务中遇到的常见问题
4. 能够讲述酒吧各岗位的职责要求

### 素养目标

1. 具有团队协作、全员推销的意识
2. 具有主动热情、细致周到的服务意识
3. 具有勤快敬业、认真负责的工作态度
4. 具有学习调酒技术和服务知识的进取意识

### 实训项目

设计酒店酒吧对客服务情景。

### 项目目标

将班级学生分成若干小组，每组独立完成项目设计。每组成员用中/英文现场模拟演示本组设计的情景。

# 任务一 酒 吧

## 一、酒吧简介

酒吧英文是 bar，pub，tavern，bar 多指具有一定主题元素的美式酒吧，而 pub 和 tavern 多指以酒为主的英式酒吧。酒吧即是销售酒品的柜台，最初出现于路边小店、客栈、餐馆中，主要为住店客人提供休闲消费服务。从现代经营的角度分析，酒吧是为客人提供酒水、饮料及服务，以营利为目的，有计划经营管理的经济实体。

"酒吧"原义为"栅栏"或"障碍物"。相传早期的酒吧经营者为了防止意外，减少酒吧财产的损失，一般不在店堂内设桌椅，而在吧台外设一横栏，横栏的设置一方面起阻隔作用；另一方面，可以为骑马而来的饮酒者提供拴马或搁脚的方便，时间一长，人们把"有横栏的地方"专指饮酒的酒吧。

现在，酒吧通常被认为是各种酒类的供应与消费的主要场所，它是酒店的餐饮服务设施之一，专为客人提供饮料及休闲服务而设置。而在社会休闲娱乐场所，各种类型的酒吧正以一种独特的形态和文化方式，影响着人们的生活，成为现代社会生活的一部分。

## 二、设施设备

### （一）酒水吧台用具及酒水

#### 1. 基本的酒吧用具

酒吧的主要用具有调酒杯、电动搅拌机、不同类型的酒杯、冰桶、冰酒杯、螺丝刀开瓶器、吧匙、量酒杯、杯垫、调酒棒、吸管、餐巾布、烟缸、牙签、笔、骰子、砧板、托盘等。

#### 2. 基本的酒水配置

（1）烈酒。包括白兰地酒、苏格兰、美国波本、加拿大和爱尔兰四种威士忌，金酒（Gin），黑朗姆酒和无色朗姆酒（Rum），伏特加酒（Vodka），墨西哥产烈酒龙舌兰

(Tequila)。

（2）利口酒。包括咖啡利口酒（Kahlua），百利甜酒（Baileys），君度甜酒（Cointreau），白、棕两色可可甜酒（Creme de Cacao），杉布卡香甜酒（Sambuca），杏仁香甜酒（Amaretto），杏子白兰地酒（Apricot Brandy），法国廊酒（Benedictine D. O. M.），杜林标酒（Drambuie），樱桃白地酒（Cherry Brandy），鸡蛋黄白兰地酒（Advocat Brandy），香蕉甜酒（Banana Liqueur），黑醋栗甜酒（Cassis）。

（3）开胃酒和葡萄酒。包括味美思（或称苦艾酒）（Vermouth），苦味酒（Bitter），大茴香酒（Aniseed），本酒或波提葡萄酒（Port），雪利葡萄酒（Shery），香槟酒（Champagne），含汽葡萄酒（Sparkling Wine），干白葡萄酒（White Wine），干红葡萄酒（Red Wine）。

（4）果汁。包括橙汁（Orange Juice），菠萝汁（Pineapple Juice），西柚汁（Grapefruit Juice），苹果汁（Apple Juice），番茄汁（Tomato Juice），柠檬和青柠汁（Lemon/Lime）。

（5）基本的酒水辅料。包括椰浆（Coconut），红石榴糖浆（Grenadine），绿薄荷糖浆（Mint），蓝色橙味糖浆（Blue），草莓糖浆（Strawberry）。

（6）其他。包括啤酒（Beer），碳酸饮料（Carbonated Drink），咖啡（Coffee），茶（Tea），牛奶（Milk），各种水果（Mixed Fruits），特别是鲜柠檬和红樱桃。调味料（Seasoning），包括盐、胡椒粉、李派淋急汁、辣椒汁等，矿泉水（Mineral Water）。

## （二）酒吧厅设备

### 1. 卡座

卡座类似于包厢，一般布局在大厅的两侧，呈半包围结构。卡座里面设有沙发和台几，是给人数较多的客人群准备的，一般设有最低消费。

### 2. 散台

散台一般分布在整个大厅中比较偏僻的角落或者舞池周围，一般能容纳2～5位客人。

### 3. 高台

高台分布在吧台的前面或者四周，一般是给单独来店的客人准备的。

### 4. 壁墙

壁墙主要由液晶拼接屏、液晶电视、壁画组成，可以供客人观赏。

#### 5. 调酒区

调酒区可以给客人提供各类酒水饮料，还可以为客人调制各种鸡尾酒或表演花式调酒。

# 任务二　酒吧岗位职责及任职要求

酒店康乐部酒吧设有酒吧领班、调酒师、酒吧服务员等岗位，如图 3-1 所示。

图 3-1　酒吧组织结构图

## 一、酒吧领班

酒吧领班在康乐部主管的领导下开展酒吧的管理工作。具体要求，如表 3-1 所示。

表 3-1　酒吧领班的任职要求与岗位职责

| 内容 | 细　　则 |
| --- | --- |
| 上下级关系 | 直接上级：康乐部主管<br>直接下级：酒吧服务员 |
| 岗位概述 | 在康乐部主管的领导下，带领员工按照酒吧岗位操作流程开展对客服务 |
| 任职资格 | 1. 学历要求：具有大专学历或同等文化程度<br>2. 体貌要求：身体健康，五官端正<br>3. 外语水平：通过酒店英语初级水平达标考试，具有基础的英语沟通能力<br>4. 培训记录：参加过酒店新员工入职培训及酒吧岗位技能培训<br>5. 工作经验：具有 2 年以上调酒员的工作经历<br>6. 基本素质：掌握酒吧管理技能，具备酒吧及酒水知识、调酒技能和成本核算的基础知识，工作责任心强，刻苦钻研业务技能，有较强的管理意识；有一定的销售意识及管理水平，熟悉电脑操作；有良好的团队协作能力、沟通能力、服务意识及管理能力，具有良好的敬业精神 |
| 岗位职责 | 1. 在康乐部主管的直接领导下，负责酒吧的日常运转，保证酒吧处于良好的工作状态<br>2. 制订酒单，研制新的鸡尾酒并提出可行性意见<br>3. 控制酒水损耗，检查员工盘点情况 |

(续表)

| 内容 | 细　则 |
|---|---|
| 岗位职责 | 4. 培训下属员工<br>5. 督导员工严格遵守工作程序、标准、规范，做好考核记录<br>6. 征求客人意见并处理客人投诉，及时向康乐部主管报告<br>7. 检查分点酒吧员工上岗情况 |

## 二、调酒师

酒吧调酒师是技术工种，技术要求高，需要满足以下要求，如表3-2所示。

表3-2　酒吧调酒师任职要求与岗位职责

| 内容 | 细　则 |
|---|---|
| 上下级关系 | 直接上级：酒吧领班<br>直接下级：无 |
| 岗位概述 | 在酒吧领班的领导下，按照服务流程和规范，为宾客提供酒水服务 |
| 任职资格 | 1. 学历要求：高中（中专）及以上学历<br>2. 体貌要求：身体健康，五官端正<br>3. 外语水平：通过酒店英语初级水平达标考试，具有基础的英语沟通能力<br>4. 培训记录：参加过酒店新员工入职培训及酒吧岗位技能培训<br>5. 工作经验：具有1年以上酒吧工作经历，相关专业院校毕业<br>6. 基本素质：掌握酒水基本知识和食品卫生法，熟悉酒单内混合饮料的调制，比较全面地了解娱乐方面的有关知识，工作认真，服务态度好，刻苦钻研业务技术 |
| 岗位职责 | 1. 保证营业时间各类酒水品种的充足<br>2. 遇有突发事件，及时汇报当值领班<br>3. 做好开餐前的酒水供应的准备工作，确保餐厅正常供应<br>4. 参加酒吧日常培训，提高业务技能<br>5. 做好交接班工作 |

## 三、酒吧服务员

酒吧服务员需具有专业的酒吧服务知识，良好的服务态度，认真负责的职业精神，具体要求如表3-3所示。

表 3-3　酒吧服务员任职要求与岗位职责

| 内容 | 细则 |
| --- | --- |
| 上下级关系 | 直接上级：酒吧领班<br>直接下级：无 |
| 岗位概述 | 在酒吧领班的领导下，按照酒吧服务流程和规范，为宾客提供酒水服务 |
| 任职资格 | 1. 学历要求：高中（中专）及以上学历<br>2. 体貌要求：身体健康，五官端正<br>3. 外语水平：通过酒店英语初级水平达标考试，具有基础的英语沟通能力<br>4. 培训记录：参加过酒店新员工入职培训及酒吧岗位技能培训<br>5. 工作经验：具有 1 年以上酒吧工作经历，相关专业院校毕业<br>6. 基本素质：掌握酒吧服务的基本知识和食品卫生法，知晓酒水单饮料名称及价目，工作认真，服务态度好，刻苦钻研业务技术 |
| 岗位职责 | 1. 负责营业前的各项准备工作，确保酒吧正常营业<br>2. 按规范和程序向客人提供酒水服务<br>3. 负责酒吧内清洁卫生<br>4. 协助调酒师进行销售盘点工作，做好销售记录<br>5. 负责酒吧内各类服务用品的清理和管理 |

# 任务三　酒吧服务流程与规范

## 一、酒吧服务流程与规范

酒吧服务流程分为迎宾服务、引领服务、点酒服务、酒水制作服务、送酒服务、客人验酒服务、开瓶与斟酒服务、结账服务等，具体要求如表 3-4 所示。

表 3-4　酒吧服务流程与服务规范

| 服务流程 | 服务规范 |
| --- | --- |
| 迎宾服务 | 1. 仪容仪表符合酒店岗位要求<br>2. 客人到达酒吧时，服务员应主动使用礼貌性语言问候客人 |
| 引领服务 | 1. 引领客人到其喜爱的座位入座。单独客人引领到吧台前的吧椅就座，对两位以上的客人，服务员可引领其到相应座位就座<br>2. 使用规范手势 |
| 点酒服务 | 1. 客人入座后服务员应主动递上酒水单<br>2. 主动提供点酒水服务，征询客人意见，关注客人喜好，服务员应主动向客人介绍酒吧酒水和鸡尾酒的品种，耐心回答客人的有关提问<br>3. 开单后，服务员要向客人重复一遍所点酒水的名称、数目，并得到确认 |

(续表)

| 服务流程 | 服务规范 |
|---|---|
| 酒水制作服务 | 1. 调酒时要注意姿势正确，动作潇洒，自然大方<br>2. 调酒时应始终面对客人，去陈列柜取酒时应侧身而不要背对客人，否则被视为不礼貌<br>3. 严格按配方要求调制，如酒水单上没有的，应征询客人的意见而决定是否需要更换，或者请客人提供配方，为客人调制<br>4. 调酒时要操作规范，注意操作卫生<br>5. 调制好的酒应尽快倒入杯中，避免酒水在调酒壶中耽搁时间过长而导致冰块融化，冲淡酒味<br>6. 随时保持吧台及操作台的卫生，用过的酒瓶应及时放回原处，调酒工具应及时清洗<br>7. 当客人杯中的酒水不足1/3时，调酒师可适时询问客人是否添加酒水，积极主动做好酒水二次销售工作<br>8. 掌握好调制各类饮品的时间，不要让客人久等 |
| 送酒服务 | 1. 服务员应将调制好的饮品用托盘从客人的右侧送上<br>2. 送酒水时应先放好杯垫和免费提供的佐酒小吃，递上餐后再上酒，报出饮品的名称，简单向客人介绍酒水及佐酒小吃<br>3. 服务员要巡视自己负责的服务区域，及时清理桌上的空杯、空瓶，并按规定要求撤换烟灰缸<br>4. 在送酒服务过程中，服务员应注意轻拿轻放，手指不要触及杯口<br>5. 如客人点了整瓶酒，服务员要按照不同类别的酒水服务程序为客人提供专业化服务 |
| 客人验酒服务 | 1. 在客人点要整瓶酒时应提供验酒服务<br>2. 通常酒吧提供整瓶销售的酒水有白兰地、威士忌以及各类葡萄酒、香槟酒等<br>3. 验酒的目的：一是得到客人认可；二是使客人品尝酒的味道和温度；三是显示服务的规范；四是体现对客人的尊敬<br>4. 不同类型的酒水，提供的验酒服务要求也不完全相同<br>(1) 白葡萄酒和香槟酒。提供验酒服务时应将酒置于小冰桶中，上面用干净叠好的餐巾盖着，放置在点酒客人右侧，把酒瓶取出后，用手托着酒瓶，标签面向客人，请客人验酒，待客人认可后，放入冰桶，并准备开瓶等服务<br>(2) 红葡萄酒。饮用温度与室温相同，淡红葡萄酒可稍加冷却。红葡萄酒通常放在酒篮中提供给客人，酒标向上。因为红葡萄酒特别是优质红葡萄酒由于陈年的原因常会有少量沉淀，所以，取放时动作要轻，不要上下摇动。待客人验酒认可后，将酒篮平放于点酒客人的右侧，准备提供服务。对于优质红葡萄酒，在专业性较强的酒吧还为客人提供滗酒服务，即由服务员将红葡萄酒经客人验酒确认后，过滤到滗酒器中，让红葡萄酒在服务过程中充分氧化，口感更佳<br>(3) 白兰地、威士忌等烈性酒提供整瓶服务时，也需要经客人验酒确认，然后按程序提供服务<br>5. 酒从酒库取出，在拿给客人验酒之前，均需将每只酒瓶上的灰尘擦拭干净，仔细检查有无问题，确认无误后再拿给客人验酒。酒吧工作人员要先把好第一关，尽量避免错拿酒水，或向客人提供有明显问题的酒水 |

（续表）

| 服务流程 | 服务规范 |
| --- | --- |
| 开瓶与斟酒服务 | 1. 开瓶方法<br>（1）葡萄酒的开瓶方法。葡萄酒的开瓶步骤为：割破锡封、擦拭瓶口、钻木取塞、清洁瓶口<br>（2）起泡酒的开瓶。起泡酒因为瓶内有气压，故软木塞的外部有个铁丝帽，以防软木塞被弹出<br><br>葡萄酒开瓶方法　　起泡酒开瓶方法<br><br>2. 斟酒方法<br>（1）一倒法。一倒法即开启酒瓶后，可以一次性将酒斟入杯中，完成斟酒程序。酒瓶打开后可先检查一下瓶塞，有时酒液变质会导致瓶塞腐烂。斟酒前将酒瓶口擦拭干净，酒的标签对着客人，从客人右侧将酒水倒入杯中。一倒法的要领是：倒、抬、转、收<br>（2）两倒法。对于起泡葡萄酒、香槟酒以及啤酒类酒品，斟酒时采用两倒法。两倒法包含有两次动作。初倒时，酒液冲到杯底时会起很多的泡沫，等泡沫约达酒杯边缘时停止倾倒，稍待片刻，待泡沫下降后再倒第二次，继续斟满至 2/3 或 3/4 杯。两倒法的要领是：初慢，中快，后轻<br>3. 斟酒的礼节<br>（1）对于优质葡萄酒，斟酒前要让客人先尝酒，待客人进一步确认后，再开始斟酒<br>（2）葡萄酒中红葡萄酒一般斟 1/2 杯，白葡萄酒斟 2/3 杯，其他酒水饮料以八分满为标准<br>（3）斟酒的顺序是先女士后男士、先长辈后晚辈、先客人后主人<br>（4）斟酒的位置一般在客人的右侧 |
| 结账服务 | 1. 客人示意结账时，服务员应立即到收银台取出账单<br>2. 取回账单后，服务员认真核对台号、酒水的品种、数量及金额是否准确，与客人确认账单、收取的金额、找回的零钱等<br>3. 结账后向客人道谢，并欢迎客人下次光临 |

## 二、酒吧其他服务与管理规范

酒水吧台按照一定流程进行管理，为客人提供规范的酒水服务，如表 3-5 所示。

表 3-5　酒吧其他服务与管理规范

| 项目 | 管理规范 |
|---|---|
| 清洁卫生规范 | 1. 酒水吧台的台面每天应先用湿布擦抹后再擦干，必要时喷上蜡光剂<br>2. 不锈钢操作台用清洁剂擦洗，然后用干布擦干<br>3. 每天对冷藏柜外部除尘，冷藏柜内应定期清洗，一般要求每三天一次<br>4. 酒柜和陈列柜每天除尘，应特别注意陈列的酒瓶每天保持其外表清洁，酒杯明亮无污渍<br>5. 吧台内地面应保持清洁，吧台外服务区域的地毯应每天吸尘，定期清洗，桌椅擦拭干净<br>6. 酒杯、用具等应按卫生防疫站的要求清洗、消毒，要求无水渍、无缺损<br>7. 墙面、风机口、天花板等应定期擦拭、除尘 |
| 领料存放规范 | 1. 领班检查上一班次用剩的奶油、果汁等有否变质，并根据酒水现存量、存货标准和预计消费量确定领料种类和数量，及时检查、备货<br>2. 领用酒水及其他物品，领料时应核对数量，检查质量<br>3. 从仓库领回的酒水应首先擦净瓶（罐）身，然后分类按要求存放。啤酒、果汁、牛奶等应迅速放入冷藏柜冷藏，瓶装酒一般应存入酒柜或在陈列柜上陈列，开胃酒、烈性酒、利口酒等应分开摆放，贵重酒和普通酒要分开陈列，保持酒瓶间的距离，并根据酒的使用频率来决定其摆放位置<br>4. 其他用具、物品也应存放在容易取用的位置上 |
| 服务准备规范 | 1. 调酒员备好调酒工具和各式酒杯，制备冰块，备好辅料、配料、装饰物和佐酒小吃<br>2. 服务员整理好桌椅，在桌面上摆好花瓶、桌号牌等用品；备好托盘、餐巾纸、点酒单、笔等服务用具<br>3. 收款员应准备好账单等，微信或支付宝收款二维码，或备足零钞 |
| 检查 | 1. 营业前领班应仔细检查酒吧的电器设备、安全卫生、物料准备、桌面摆放等<br>2. 酒吧人员需整理好个人仪表仪容，站在规定位置上迎候客人的到来 |
| 调酒服务规范 | 1. 调酒员接到点酒单后应及时制作酒水，及时出品<br>2. 一般果汁、汽水、矿泉水、啤酒等在 1 分钟内完成，混合饮料 1~2 分钟完成，鸡尾酒包括装饰 2~4 分钟完成<br>3. 如遇营业高峰，按顺序接单、制作、出品<br>4. 调酒姿势要端正，动作要潇洒自然，始终面对客人<br>5. 严格按配方要求调制酒水，不得随意更改、加减配方<br>6. 调酒时应注意卫生，使用专门工具取用冰块、装饰物等<br>7. 拿酒杯时应握其底部或杯脚，而不能碰杯口<br>8. 调制好的酒水应尽快倒入杯中<br>9. 如一次调制两杯以上的酒水时，应将酒杯在吧台上整齐排列，分 2~3 次倒满，而不应一次斟满杯后再斟另一杯，以免浓度不一<br>10. 随时保持吧台及操作台卫生，用过的瓶酒应及时放回原处，调酒工具应及时清洗 |
| 营业后清理工作规范 | 1. 做好吧台内外的清洁卫生<br>2. 将剩余的酒水、配料等妥善存放<br>3. 将脏杯具等送至洗杯间清洗、消毒<br>4. 处理好垃圾 |
| 填制表单规范 | 1. 领班应认真、仔细地盘点酒吧所有酒水、配料等的现存量，督促填写报表，如实反映当日或当班所售酒水数量 |

(续表)

| 项目 | 管理规范 |
|---|---|
| 填制表单规范 | 2. 账台应迅速汇总当日或当班的营业收入，填写工作日志<br>3. 主管填写工作日志，如实记录当日（班）营业收入、顾客人数、平常和特别事件等，以便上级管理人员了解、掌握酒吧营业状况。每日应进行盘存工作 |
| 交接班及结束工作规范 | 1. 领班负责做好每班次的交接<br>2. 全面检查酒吧的安全状况，关闭除冷藏柜以外的所有电器开关，关好门窗 |

## 任务四　酒吧服务与管理技能训练

### 实训目标

通过实地考察，使学生学会酒吧项目服务的相关技能。

### 实训内容

走访校企合作的高星级酒店康乐部，了解酒吧岗位设置及各岗位服务人员的岗位职责，观摩各岗位的对客服务情况。

### 实训步骤

第一步：教师下达实训任务书，并作讲解说明。

第二步：将班级分成4~5个小组，每组4~5人，每组根据"酒吧服务项目技能实训任务书"的内容，选择3~4个问题，实地考察酒店康乐部酒吧服务项目，通过现场观察，参与实践，访谈专业人员，查找资料，分析讨论，形成问题答案。

第三步：各小组在班级分享调查结果。

第四步：教师归纳分析，总结成果。

### 实训成果

提交实训报告。

---

**酒吧服务项目技能实训任务书**

组名：_____　　组员姓名：_____　　日期：_____

1. 制订一份酒吧营收计划。
2. 酒吧新员工需要掌握哪些技能？
3. 制订一份酒吧新员工服务技能培训计划。

模块三·项目一 酒吧项目服务与管理

4. 制订一份部门员工月度排班表。
5. 组织召开班前会及部门例会。
6. 怎样对酒吧服务项目各岗位的员工进行有效管理？
7. 怎样针对不同客人做好酒水推销服务？
8. 如何规范地为客人提供斟酒服务？
9. 酒吧服务需注意哪些关键问题？
10. 梳理酒吧服务程序。
11. 如何做好酒吧厅的清洁卫生？
12. 如何对酒吧服务员进行绩效考核？

### 案例分析

**酒吧开业营销**

某酒店利用闲置的临街房间，少量投资，精心装修，改造成了一个全新的酒吧空间。为了使酒吧能够在开业时一炮打响，酒店上上下下都做了相当充分的准备工作。在开业前一个月，重点选择了本地知名报纸、电视、电台，每周轮流在上面做宣传推广，同时也采取户外广告等形式。

为了在开业时提升人气，酒吧还预备采取大范围优惠酬宾活动，以本酒吧的招牌酒水为主，进行特色酒水促销。凡是在开业期间点了一份特色酒水的宾客，都可以在同类同价酒水中，另选一种免费赠送。这种营销方式的优惠幅度之大、范围之广都是前所未有的。由于酒店的精心准备，果然在开业一周之内，酒吧就收到了很好的市场反响，客源不断，也引起了媒体的关注，一家媒体还刊登一篇宣传酒吧的报道。酒吧上下都十分开心，认为达到了预期的宣传效果。

### 思考并回答

1. 你认为该酒吧成功开业的做法有哪些？
2. 如果你作为酒吧经理人员，会选择哪些促销方式？

## 任务评价表

组名：_____　　组员姓名：_____　　日期：_____

| 学习目标 | 评价内容 | | 自评 | | | 组评 | | | 师评 | | |
|---|---|---|---|---|---|---|---|---|---|---|---|
| | 评价内容 | | 优 | 良 | 中 | 优 | 良 | 中 | 优 | 良 | 中 |
| 知识目标 | 掌握酒吧的酒水知识 | | | | | | | | | | |
| | 熟悉酒吧主要设备用具及使用知识 | | | | | | | | | | |
| | 熟悉酒吧的服务程序与规范 | | | | | | | | | | |
| | 熟悉酒吧各岗位人员的工作职责及任职资格 | | | | | | | | | | |
| 能力目标 | 能够掌握酒吧设备的使用方法 | | | | | | | | | | |
| | 能够为客人提供规范的酒水服务 | | | | | | | | | | |
| | 能够处理酒吧服务中遇到的常见问题 | | | | | | | | | | |
| | 能够讲述酒吧各岗位的职责要求 | | | | | | | | | | |
| 素养目标 | 具有团队协作、全员推销的意识 | | | | | | | | | | |
| | 具有主动热情、细致周到的服务意识 | | | | | | | | | | |
| | 具有勤快敬业、认真负责的工作态度 | | | | | | | | | | |
| | 具有学习调酒技术和服务知识的进取意识 | | | | | | | | | | |
| 任务单 | 内容完整正确 | | | | | | | | | | |
| | 书写规范清楚 | | | | | | | | | | |
| | 思路清晰、层次分明 | | | | | | | | | | |
| 小组合作 | 小组工作氛围融洽 | | | | | | | | | | |
| | 成员相互配合密切 | | | | | | | | | | |
| | 小组全员参与 | | | | | | | | | | |
| 整体评价 | 优秀：□　　良好：□　　达标：□ | | | | | | | | | | |
| 教师建议 | | | | | | | | | | | |

# 项目二
# 棋牌项目服务与管理

线上学习资料

棋牌是中国人很喜爱的娱乐项目，多数酒店康乐部都设有棋牌娱乐项目。它是宾客借助一定的场地设施和设备条件，在一定规则的约束下运用智力和技巧进行比赛或游戏，获得精神享受的娱乐项目。

棋牌游戏不一定付出很大的体力，但需要一定的智力和技巧。多数酒店康乐部都设有这个项目，棋牌室的设备简单，投资不大，主要是为客人提供专用的桌椅和质地优良的棋牌用具。近年来，还出现了一些电子棋牌设备，如自动麻将机、计算机国际象棋等。

### 知识目标

1. 掌握棋牌室的服务知识
2. 熟悉棋牌室的主要设备用具知识
3. 熟悉棋牌室的服务程序与规范
4. 熟悉棋牌室各岗位的工作职责及任职资格

### 能力目标

1. 能够掌握棋牌室设备的使用方法
2. 能够为客人提供规范的棋牌服务
3. 能够处理棋牌服务中遇到的常见问题
4. 能够讲述棋牌室各岗位的职责要求

### 素养目标

1. 具有团队协作的意识
2. 具有主动热情、细致周到的服务意识
3. 具有踏实勤快、认真负责的工作态度
4. 能够正确区分娱乐与工作

### 实训项目

设计酒店棋牌室的对客服务情景。

> **项目目标**
>
> 将班级学生分成若干小组,每组独立完成项目设计。每组成员用中/英文现场模拟演示本组设计的情景。

# 任务一 棋 牌 运 动

## 一、棋牌简介

棋牌是棋类和牌类娱乐项目的总称,包括中国象棋、围棋、国际象棋、五子棋、跳棋、国际跳棋(已列入世界智力运动会项目)、军棋、桥牌、蒙古象棋、扑克、麻将等诸多传统或新兴娱乐项目。

## 二、棋牌项目分类

### (一)中国象棋

中国象棋是由两人轮流走子,以"将死或困毙"对方将(帅)为胜的一种棋类运动,有着数以亿计的爱好者。它不仅能丰富文化生活,陶冶情操,更有助于开发智力,启迪思维,锻炼辩证分析能力和培养顽强的意志。

棋子活动的场所叫作"棋盘",在长方形的平面上,由9条平行的竖线和10条平行的横线相交组成,共90个交叉点,棋子就摆在这些交叉点上。中间第五、第六两横线之间未画竖线的空白地带称为"河界",整个棋盘以此分为相等的两部分;两方将帅坐镇、"米"字方格的地方叫作"九宫"。

象棋的棋子共32个,分为红黑两组,各16个,由对弈双方各执一组,每组兵种是一样的,各分为7种。

红方:帅1个、仕2个、相2个、车2个、马2个、炮2个、兵5个。

黑方:将1个、士2个、象2个、车2个、马2个、炮2个、卒5个。

其中帅与将、仕与士、相与象、兵与卒的作用完全相同,仅仅是为了区分红棋和黑棋。对局时,由执红棋的一方先走,双方轮流各走一着,直至分出胜、负、和,对局即终了。轮到走棋的一方,将某个棋子从一个交叉点走到另一个交叉点,或者吃掉对方的棋子而占领其交叉点都算走一着。双方各走一着,称为一个回合。

## （二）围棋

围棋是一种策略性二人棋类运动，使用格状棋盘及黑白二色棋子进行对弈，过程中围地吃子，以所围地的大小决定胜负。

围棋盘面有纵横各 19 条等距离垂直交叉的平行线，共构成 $19 \times 19 = 361$ 个交叉点。在盘面上标有几个小圆点，称为星位，共 9 个星位，中央的星位又称"天元"。棋子分黑白两色，均为扁圆形。棋子的数量有 181 个黑子和 180 个白子。

围棋的下法：对局双方各执一色棋子，黑先白后，交替下子，每次只能下一子。棋子下在棋盘的点上。棋子下定后，不得向其他点移动。轮流下子是双方的权利，允许任何一方放弃下子权。

围棋的规则十分简单，却拥有广阔的空间，可培养人的计算能力、思维能力、创造能力、判断能力，同时提高人的控制力和注意力。下围棋对少年儿童的智力发展有积极作用，可以培养分析能力。围棋变化多端，是棋类中较为复杂的一种。

## （三）麻将

麻将是一种四人骨牌游戏，流行于华人文化圈中。麻将的牌式主要有饼（文钱）、条（索子）、万（万贯）等。一副完整的麻将牌共有 152 张。不同地区的游戏规则稍有不同。目前流行的是精简版麻将，不含百搭和大白板，共 144 张。有起牌、组牌、和牌三个基本环节。麻将应对的五种标准状态，是"吃""碰""杠""听""和"。

麻将牌术变幻莫测，组牌花样名目繁多，既要胸有成竹，又要随机应变，是一种智慧和趣味相结合的高尚娱乐活动，有益于提高观察、分析和判断能力，还能陶冶性情、消除疲劳、增进身心健康。尤其适合于老年人的休养生活，故有"老年娱乐"之称。

## （四）国际象棋

国际象棋又称欧洲象棋或西洋棋，是一种二人对弈的战略棋盘游戏。国际象棋棋盘是个正方形，由横纵各 8 格、颜色一深一浅交错排列的 64 个小方格组成。深色格称黑格，浅色格称白格，棋子就放在这些格子中移动，右下角是白格。棋子共 32 个，分为黑白两组，各 16 个，由对弈双方各执一组，兵种是一样的，分为 6 种。

表 3-6　国际象棋的棋子

| 中文简称 | 王 | 后 | 车 | 象 | 马 | 兵 |
| --- | --- | --- | --- | --- | --- | --- |
| 中文全称 | 国王 | 皇后 | 城堡（战车） | 主教（传教士） | 骑士 | 近卫军 |
| 英文简称 | K | Q | R | B | N | P |
| 英文全称 | King | Queen | Rook | Bishop | Knight | Pawn |
| 数量 | 1 | 1 | 2 | 2 | 2 | 8 |

摆棋时，王对王，后对后；白后站白格，黑后站黑格。黑王站白格，白王站黑格。白棋第一行由左到右为车马象后王象马车。黑棋为车马象王后象马车。第二行全为兵。

国际象棋由执白者先行，国际象棋的对局目的是把对方的王"将死"。一方的王受到对方棋子攻击时，称为王被照将，攻击方称为"将军"，此时被攻击方必须立即"应将"。如果无法避开"将军"，王即被"将死"，攻击方取胜。除"将死"外，还有"超时判负"与"和棋"。

### 三、棋牌保养

#### （一）中国象棋的保养方法

（1）木制象棋不要在太阳下暴晒，否则象棋容易干裂。
（2）将象棋放在通风干燥的地方，可以防潮。
（3）在木质象棋上涂一层保护蜡。
（4）木制象棋要打磨时，应将砂纸包裹在要打磨的部分，横跨在其表面，拉住两头来回摩擦。

#### （二）围棋棋子的保养方法

（1）切勿用水长时间浸泡棋子，不能将棋子在阳光下暴晒。
（2）白子不需要擦油，黑子可涂上橄榄油以达到美观效果。将橄榄油倒在一块白布上，用黑子棋子去磨蹭即可。
（3）棋子经常使用时，色泽晶莹柔和、手感好；不使用时，可置于通风干燥处保存。

#### （三）麻将机的日常保养方法

（1）麻将桌不可长时间遭受日光照射、湿气侵蚀。

（2）机械滑动部分及齿轮咬合部分须加润滑油保养，如双滑杆、平推滑杆、升降杆等处。

（3）过牌通道部分可以用喷蜡擦洗。

（4）机器的各光电开关可以用小毛刷进行清扫，防止因集尘造成灵敏度降低。

（5）洗牌圈内臂可用汽油进行擦洗，如潮湿可用吹风机吹干。

（6）机体内部用吸尘器清洁。

# 任务二　棋牌项目岗位职责及任职要求

## 一、棋牌室领班

棋牌室领班在康乐部主管的领导下，开展棋牌室管理工作，具体要求如表 3-7 所示。

表 3-7　棋牌室领班任职要求与岗位职责

| 内容 | 细　　则 |
|---|---|
| 上下级关系 | 直接上级：康乐部主管<br>直接下级：棋牌室服务员 |
| 岗位概述 | 在康乐部主管的领导下，带领员工按照棋牌室接待流程开展对客服务 |
| 任职资格 | 1. 学历要求：大专及以上学历<br>2. 体貌要求：身体健康，五官端正<br>3. 外语水平：具有基础的英语沟通能力<br>4. 培训记录：参加过酒店新员工入职培训及棋牌岗位技能培训<br>5. 工作经验：具有 2 年以上康乐棋牌岗位工作经验<br>6. 基本素质：掌握常规类棋牌管理技能，具备棋牌知识、棋牌技能和成本核算的基础知识，工作责任心强，刻苦钻研业务技能，有较强的管理意识，具有良好的敬业精神 |
| 岗位职责 | 1. 负责当班次接待服务工作的日常管理和各岗位人员的工作安排<br>2. 阅读交接班记录和工作日志，了解上一班次的工作完成情况，落实本班次需要进行的工作。检查钥匙，清点物品，做好交接班工作<br>3. 召集班组例会，检查当班各岗位人员的签到情况，检查员工的仪容仪表。传达上级领导指示，布置当日工作<br>4. 检查棋牌室的照明、空调的温度等是否达到营业要求，检查营业前的卫生和服务用品的准备情况，掌握设施设备的维护保养工作<br>5. 同员工一起做好对客接待服务工作，督导服务台为客人做好收币和换币的工作，督导各岗位员工按照酒店制定的各项工作程序、服务规范与质量标准为客人提供优质服务 |

（续表）

| 内容 | 细　　则 |
|---|---|
| 岗位职责 | 6. 巡视棋牌室，检查服务员日常接待服务情况。妥善处理客人投诉，对难以解决的重要问题，及时报告主管请示处理办法<br>7. 督导服务台服务员做好每日营业记录，编制营业报表。填写"工作日志"和交接班记录，报主管阅批。与下一班次领班做好工作交接<br>8. 参加主管召开的领班例会<br>9. 根据培训计划，参与对员工进行培训，不断提高员工业务素质<br>10. 负责每月盘点和日常成本核算，做好消耗用品使用的控制管理 |

## 二、棋牌室服务员

棋牌室服务员是棋牌室服务工作的具体实施者，其服务态度的好坏、服务质量的优劣直接影响到棋牌室的效益，因此人员选择至关重要，具体要求如表3-8所示。

表3-8　棋牌室服务员任职要求与岗位职责

| 内容 | 细　　则 |
|---|---|
| 上下级关系 | 直接上级：棋牌室领班<br>直接下级：无 |
| 岗位概述 | 在棋牌室领班的领导下，按照服务流程和规范，为宾客提供棋牌服务 |
| 任职资格 | 1. 学历要求：高中（中专）及以上学历<br>2. 体貌要求：身体健康，五官端正<br>3. 外语水平：具有基础的英语沟通能力<br>4. 培训记录：参加过酒店新员工入职培训及棋牌岗位技能培训<br>5. 工作经验：有1年以上康乐棋牌工作经验，相关专业院校毕业<br>6. 基本素质：为客人示范、讲解各种棋牌类游戏的操作方法和计分规则；及时有效地处理棋牌室内发生的各种意外、突发事件，并及时向自己的上级领导汇报；具有较强的酒店产品推销能力，具有较好的人际关系处理能力，能够妥善处理上下级之间的关系，善于处理与客人之间的关系 |
| 岗位职责 | 1. 负责棋牌室营业前各种物品准备工作，对设施设备进行营业前检查<br>2. 负责棋牌室的清洁卫生工作，在领班的督导下做好环境卫生和设备卫生工作，保持环境整洁，空气清新，符合质量标准<br>3. 负责棋牌室接待服务工作，包括预订、领位、介绍项目及收费标准、结账等服务<br>4. 根据宾客需要，为宾客示范、讲解各种棋牌游戏活动规则及使用方法<br>5. 随时巡视现场情况，注意宾客活动，避免意外事故的发生 |

（续表）

| 内容 | 细　则 |
|---|---|
| 岗位职责 | 6. 主动做好巡查工作，发现设备故障，立即维修或报修<br>7. 对棋牌室的各种器具、用品进行保养<br>8. 负责烟、酒水、饮料的推销服务<br>9. 上下班前需认真清理棋具、牌具<br>10. 认真做好营业期间的消防、安全防范工作，注意观察，发现问题及时汇报<br>11. 及时处理棋牌室发生的各种突发事件<br>12. 认真执行酒店的交接班制度，做好交接班工作记录 |

# 任务三　棋牌项目服务流程与规范

酒店棋牌室的服务流程和服务规范是经营管理的基础，是提高服务质量的保证，具体要求如表3-9所示。

表3-9　棋牌室服务流程与服务规范

| 服务流程 | 服务规范 |
|---|---|
| 准备工作 | 1. 了解棋牌室入座情况及预订情况，掌握房间状态<br>2. 检查棋牌室的电视机、麻将机、落地灯、空调等设备是否可以正常使用<br>3. 检查摆放好棋牌室的机麻、椅子、圆凳、落地灯、茶几、烟缸、纸巾盒、打火机、特别介绍牌、垃圾桶等设备和器具<br>4. 做好棋牌室的清洁卫生<br>5. 服务台各类备用物资需准备齐备，并按规定将筹码、开水壶、烟缸、打火机、纸巾、垃圾袋摆放在规定的位置上。检查托盘、抹布、笔、出品单等服务工具是否齐全<br>6. 提前准备好开水，如有客人预订了棋牌室，需提前打开房间的换气扇，将空调调至合适的温度<br>7. 一切就绪后，到规定的位置以标准的站姿站位，迎接客人的到来 |
| 迎宾服务 | 1. 当客人行至棋牌室门口时，主动向客人鞠躬问候<br>2. 询问客人是否有预订，如有预订，礼貌询问客人姓名，与预订本上对照无误后引领客人至所定包房<br>3. 如客人无预订，需询问客人人数，给客人介绍棋牌室的类型及收费标准，并根据客人人数多少向客人推荐适合的棋牌室。得到客人确认后，引领客人至房间 |
| 棋牌服务 | 1. 打开房间门，打开灯，把空调调节到合适温度，请客人入座。询问客人是否需要打开电视机<br>2. 客人入座后，首先询问客人是玩机麻还是纸牌。若客人玩机麻，则立即接通机麻 |

(续表)

| 服务流程 | 服务规范 |
|---|---|
| 棋牌服务 | 电源，打开机麻开关，揭开机麻上的绒布和表面机盖，然后询问客人玩多少张数的麻将，根据客人要求把机麻调至相应的挡数。取出麻将放入麻将机内，先洗出一副，然后再放入第二副。请客人确认机器完好，麻将张数无缺失<br>3. 如客人玩纸牌则应询问清楚客人纸牌的类型<br>4. 询问客人所点茶水的品名，单位（杯/壶），做好推销工作。根据客人的要求开好出品单（茶水、纸牌）、棋牌单。在单据上详细记录好客人所点的目录，并告知客人准确的起钟时间和复述客人所点的茶水、饮料、小吃等，待客人确认无误后，提醒客人小时计算方式，请客人在单据上签字确认<br>5. 拿好相应单据，到输单处由输单员输入电脑，并让输单员在单据上签字，单据本由部门保留一张红联，作留底用。若客人计时，则棋牌单的两联都暂时由服务台保留，但需输入起钟时间，待客人落钟时再填写落钟时间<br>6. 到出品部领取客人所点的茶水、饮料、纸牌等。在3分钟之内送至客人的房间，得到客人允许后将茶水放到客人右手的服务桌上，报上客人所点物品的品名并说"请慢用"<br>7. 询问客人有无其他需要，并向客人指明服务铃的准确位置，告知客人如有需要请按服务铃，同时提醒客人包房的设施设备完好<br>8. 退出并关上房门，在规定位置站立等候或巡视其他包房为客人服务。到输单处查询房态是否一致，如不一致需马上查找原因并及时弥补<br>9. 每隔20分钟敲门进入房间为客人斟添茶水和更换烟缸，同时根据时机进行再次推销<br>10. 若正是用餐时间则需提醒客人用餐或者对客人进行推荐。如计时房的客人前去用餐，要询问客人房间是否需要保留，并明确告知客人用餐期间房时不会落钟 |
| 送客服务 | 1. 当客人准备离开时，则需马上通知输单员落钟，如是计时房间则需告知客人准确的落钟时间及所玩钟数，并请客人再次签字确认<br>2. 礼貌送别客人，并附带送客语<br>3. 迅速检查房间里地毯、椅子、沙发等有无烟洞；茶杯、烟缸有无破损；机器是否能正常运转；麻将和筹码是否有缺失。如发现有问题需立即通知当班负责人，随后找到客人做好解释工作，并让客人填写赔偿单，如无法找到客人应立即通知前厅接待处告知其详细情况，并填好赔偿单送到输单处<br>4. 如发现客人遗留物品，及时交于当班负责人 |
| 场地整理 | 1. 返回棋牌室房间迅速关掉空调、电视机。取出机器内的两副麻将，装入盒内并整理好。把机器调回至规定挡数，关闭机器电源<br>2. 清理机器上的烟灰、杂物，清洁整理筹码盒。盖上机器盖，铺上红绒布<br>3. 清洁整理服务桌和茶几上的杯具、果盘、小吃篮、烟缸等，把需要清洗的器具送还给出品部<br>4. 清洁服务桌、茶几、椅子、沙发上的杂物、灰尘。做好地面卫生，清理垃圾桶，更换垃圾袋<br>5. 补充更换茶几上的烟缸、纸巾、打火机等物品，并按规定摆放，把椅子及圆凳摆放整齐 |

(续表)

| 服务流程 | 服务规范 |
|---|---|
| 场地整理 | 6. 最后检查下房间是否已经完全恢复到迎客状态，关掉灯具，轻轻带上房门，如房间内烟味或其他异味比较重，则敞开房门并打开抽风机 |

## 任务四　棋牌服务与管理技能训练

**实训目标**

通过酒店实地考察，使学生学会棋牌项目服务的相关技能。

**实训内容**

走访校企合作的高星级酒店康乐部，了解棋牌岗位设置及各岗位服务人员的岗位职责，观摩各岗位的对客服务情况。

**实训步骤**

第一步：教师下达实训任务书，并作讲解说明。

第二步：将班级分成4~5个小组，每组4~5人，每组根据"棋牌服务项目技能实训任务书"的内容，选择3~4个问题，实地考察酒店康乐部棋牌室服务项目，通过现场观察，参与实践，访谈专业人员，查找资料，分析讨论，形成问题答案。

第三步：各小组在班级分享调查结果。

第四步：教师归纳分析，总结成果。

**实训成果**

提交实训报告。

## 棋牌服务项目技能实训任务书

组名：_____  组员姓名：_____  日期：_____

1. 制订一份康乐部棋牌室营收计划。
2. 棋牌室新员工需要掌握哪些技能？
3. 制订一份棋牌服务项目技能培训计划。
4. 制订一份部门员工月度排班表。
5. 组织召开班前会及部门例会。
6. 怎样对棋牌服务各岗位的员工进行有效管理？
7. 如何规范地为客人提供棋牌服务？
8. 棋牌服务需注意哪些关键问题？
9. 总结康乐部棋牌服务流程。
10. 如何管理棋牌室的清洁卫生？
11. 如何对棋牌室服务员进行业绩考核？

### 案例分析

#### 客人遗失物品

某年8月25日，周先生打电话投诉，他几日前在酒店的棋牌室打牌时将一个记事本遗留在房间，事后，他打电话询问服务员是否有捡到，当时服务员称记事本在服务台，待其前来领取时却说没有，后客人再次打电话来问，此时服务台说有。周先生于是派司机来取，却发现不是他的那本。周先生觉得非常气愤，提出投诉（据了解，当初服务员说找到记事本，但客人来取时又称没有，是因为记事本在交接班时弄丢了）。

### 思考并回答

1. 如果你是一名酒店棋牌室服务人员，该如何解决此类问题？
2. 在进行电话沟通时，如何避免此类事情的发生？

## 任务评价表

组名：_____  组员姓名：_____  日期：_____

| 评价内容 | | 自评 | | | 组评 | | | 师评 | | |
|---|---|---|---|---|---|---|---|---|---|---|
| 学习目标 | 评价内容 | 优 | 良 | 中 | 优 | 良 | 中 | 优 | 良 | 中 |
| 知识目标 | 掌握酒店棋牌的服务知识 | | | | | | | | | |
| | 熟悉棋牌室主要设备用具知识 | | | | | | | | | |
| | 熟悉棋牌服务程序与规范 | | | | | | | | | |
| | 熟悉棋牌室各岗位的工作职责及任职资格 | | | | | | | | | |
| 能力目标 | 能够掌握棋牌室设备的使用方法 | | | | | | | | | |
| | 能够为客人提供规范的棋牌服务 | | | | | | | | | |
| | 能够解决棋牌服务中的常见问题 | | | | | | | | | |
| | 能够讲述棋牌室各岗位的职责要求 | | | | | | | | | |
| 素养目标 | 具有团队协作的意识 | | | | | | | | | |
| | 具有主动热情、细致周到的服务意识 | | | | | | | | | |
| | 具有踏实勤快、认真负责的工作态度 | | | | | | | | | |
| | 能够正确区分娱乐与工作 | | | | | | | | | |
| 任 务 单 | 内容完整正确 | | | | | | | | | |
| | 书写规范清楚 | | | | | | | | | |
| | 思路清晰、层次分明 | | | | | | | | | |
| 小组合作 | 小组工作氛围融洽 | | | | | | | | | |
| | 成员相互配合密切 | | | | | | | | | |
| | 小组全员参与 | | | | | | | | | |
| 整体评价 | 优秀：□　　良好：□　　达标：□ | | | | | | | | | |
| 教师建议 | | | | | | | | | | |

# 项目三
# 游艇项目服务与管理

线上学习资料

游艇是一种水上娱乐用高级耐用消费品。它集航海、运动、娱乐、休闲等功能于一体，满足个人及家庭享受生活的需要。在发达国家，游艇像轿车一样多为私人拥有。而在发展中国家，游艇多作为公园、旅游景点的经营项目供人们消费，少量也作为港监、公安、边防的工作工具。游艇作为一种娱乐工具，这一本质特征使它区别于作为运输工具的高速船和旅游客船。游艇将会和汽车一样，成为进入家庭的下一代耐用消费品。

## 知识目标

1. 掌握游艇的服务知识
2. 熟悉游艇及主要设备知识
3. 熟悉游艇服务程序与规范
4. 熟悉游艇各岗位人员的工作职责及任职资格

## 能力目标

1. 能够掌握游艇常规的娱乐内容
2. 能够为客人提供规范的游艇服务
3. 能够处理游艇服务中遇到的常见问题
4. 能够讲述游艇各岗位的职责要求

## 素养目标

1. 具有规范操作的安全意识
2. 具有热情周到的服务意识
3. 具有认真负责的工作态度
4. 具有谦虚好学的进取意识

## 实训项目

设计游艇服务项目的对客服务情景。

## 项目目标

将班级学生分成若干小组，每组独立完成项目设计。每组成员用中/英文现场模拟演示本组设计的情景。

# 任务一　游艇运动

## 一、游艇俱乐部

游艇俱乐部指具有固定场所，依托游艇停泊港池、码头或岸上停船设施，符合海事管理机构和地方航运主管部门规定的条件，出售或出租游艇和泊位，为会员和游客提供管理与服务的民事法人主体。

## 二、游艇分类

### （一）按产地分

意大利和克罗地亚：设计体现浪漫风格，豪华、典雅，代表着现代游艇的潮流。
美国：体现个人品位，注意自我个性化设计。
英国：具有浓郁的古典贵族气息。
国内的游艇厂家，大多是一些外资企业在中国的生产基地，基本上没有形成规模。

### （二）按功能分

游艇的购买者通常是个人、企业、政府和社团，分别有休闲艇、商务交际艇、赛艇、钓鱼艇、缉私艇、公安巡逻艇、港监艇等。
休闲型游艇大多为家庭购买，作为家庭度假所用。设计时考虑到家庭使用的方便性，装潢时也以烘托家庭氛围为卖点，市场上游艇的种类也是以此类为主。
商务游艇一般都是大尺寸的游艇，里面装潢豪华，也可以说是豪华游艇，一般是大型企业集团的企业家购买，大多用于商务会议、公司聚会、小型派对。

### （三）按用途分

一般针对海上与内河，以及附近码头等重要地方进行操作和工作，一般有消防艇、打捞艇、捕鱼艇、钓鱼艇、作业艇、船员艇、探险艇、带缆艇、搜救艇等大类。

### （四）按品质分

《2013—2017年中国游艇深度评估与投资前景评估报告》将游艇分为高档豪华游

艇、家庭型豪华游艇、中档普通游艇及廉价游艇。

高档豪华游艇，艇长在35米以上，艇上装备有最现代化的通信和导航等系统，舱室内配有高级材料和设施，如柚木、皮革、镀金小五金件、不锈钢扶手、高级地毯、高档家具、现代化的电气设备、古董、字画、特殊的灯光设计等，从里到外衬托着豪华的气氛。这种游艇不仅供家族成员享乐，而且是艇主从事商务、处理日常工作及社交活动的理想场所，同时也是艇主向贵宾或对手显示其经济实力的王牌。这种豪华游艇的价格在数百万美元不等，有的高达上千万美元。

家族型豪华游艇长度一般为13.5米以上，它设计新颖，选材上等，结构与制造工艺精度高，选用名牌设备设施，布置舒适，单价在30万美元以上。

中档普通游艇长度一般为9~13.5米，单艇售价在5万~20万美元，这种游艇质量适中，消费市场广阔。

廉价游艇长度一般在9米以下，单艇售价在5万美元以下，这种游艇销售量最大。

### （五）按动力分

按动力分，游艇分为无动力艇、帆艇、机动艇。帆艇又分为无辅助动力帆艇和辅助动力帆艇。机动艇又分为舷外挂机艇、艇内装机艇。艇内装机艇还可分为小汽艇和豪华艇两个档次。

### （六）按材质分

由于游艇的消费者通常对产品性能要求较高，因此对游艇的建造材料要求也比较高。除了美观、舒适外，游艇建造材料还需具有较好的机械性能与安全性能。

游艇主要有木质艇、玻璃钢艇、凯芙拉纤维增强的复合材料艇、铝质艇和钢质艇。当前，玻璃钢艇占绝大比例，赛艇、帆艇、豪华艇使用凯芙拉增强材料的较多；铝质艇在舷外挂机艇和大型豪华游艇中占一定比例；钢质艇在35米以上远洋大型豪华游艇中占比例较多。艇体的夹层结构材料外层面板常采用玻璃钢，玻璃钢是由玻璃纤维作增强材料与树脂物理合成的复合材料。

### （七）按艇上结构分

按艇上结构分，有小型敞开艇、小汽艇、滑水艇、半舱棚游艇、住舱游艇、帆艇和个人用小艇（又称水上摩托）。

（1）小型敞开艇具有狭窄甲板，可乘坐1~6人，备有桨和桨叉，或用舷外挂机推进，长度为1.8~5米。

（2）小汽艇也为敞开式，有一个小的前甲板、挡风玻璃、操舵轮，可坐4～6人，用舷外挂机或喷水推进装置为动力，长度为3.7～7.3米。

（3）滑水艇与小汽艇相似，专为滑水运动设计和装备，外形光顺、首部尖瘦、艇身狭小、干舷低，长度为4.3～8.5米。

（4）半舱棚游艇，有一个后部敞开的固定小舱棚，可在船上住宿，舷外挂机或船内机驱动，长度在4.3～8.5米。

（5）住舱游艇，具有全封闭住舱，艇型较大，按艇主需要可配置各种档次的设备设施，如厨房、卧具、酒吧、盥洗室，采用船内机为动力，长度在5.5米以上。

（6）帆艇设计有足够面积的帆装备作为推进动力，艇长5.8～38米。

（7）水上摩托这种个人用小艇又分为坐式和站式两种，购买者多为年轻人，产销量很大。

## （八）按造型分

近几年来，游艇的造型如同其他工业产品一般，逐渐采用较具亲和力的圆弧线条来代替尖锐的折角或直线，当然这与生产技术的提升有相当大的关系。

（1）巡航艇（Megayacht）：大型、快速之豪华游艇，内部布置豪华，设备完善，适合长距离航行。外形的色彩线条简单，呈现出沉稳且典雅的风格，多被大型豪华游艇所采用。

（2）无后舱式游艇（Sedan）：无钓鱼设备，具备上、下驾驶台及大型的沙龙间，船艉无住舱，为开放空间，线条圆弧化，是近些年来各项工业造型上的趋势。

（3）太阳甲板（Sundeck）：这种船型最主要的特点，在于船艉多了一个住舱以及后甲板的开放空间加盖遮阳板。

（4）敞露甲板型（Open Type）：无船楼的游艇，主甲板以上为露天的驾驶区及开放空间。

（5）小快艇（Runabout）：甲板以下无住舱，船速高。

（6）海钓船（Sport Fisherman）：有完整的钓鱼设备。此船型的特征在于驾驶室位于上甲板，以及后甲板的高度非常接近水面，这样的造型主要是配合海钓者使用上的需要。

（7）多用途游艇（Convertible）：与海钓船类似，驾驶台上方的遮阳棚及钓鱼架拆除后可成为一般用的游艇。

（8）高速滑行艇（Hydroplane）：高速赛艇。甲板以上较低的受风面积为其在造型上最主要的特征，目的在于减少该艇于高速行驶时受到的风阻。

（9）拖网型（Trawler）：主要特征在于船艉线型较圆滑，船速较慢。

(10) 双体游艇（Catamaran）：有较大的起居室宽阔的上层甲板空间，适合招待亲朋好友同游，但也由于双船体的先天限制，在下层船体部位仅能布置数间狭窄舱房，这个是它最大的缺点。还有由于它船宽比一般的单体船要大，因此所需停泊的码头要占较多空间，停船位较难得到，停泊费也必定较贵，所以双体船在市场上较不普遍。

## 三、发动机

发动机如同游艇的"心脏"。发动机品质高低主要是看动力性和经济性，也就是说，发动机要具有较好的功率、良好的加速性和较低的燃料消耗量。影响发动机功率和燃料消耗量的因素有很多，其中影响最大的因素有排量、压缩比、配气机构。

不能单凭速度一项指标来评定游艇上发动机的性能，在游艇上，性能是舒适性、稳定性、操控性、节省燃料及速度的融合体。

## 四、配套设施

游艇的配套设施一般都是根据游艇主人自己的需求而定制的，大致有以下几种分类。

中小型的游艇一般设置了以下功能空间：下层的室内空间，包括主人房、客房、卫生间；中层有客厅、驾驶舱和厨房；上层有露天望台和驾驶台，为了可防晒和防雨，一般还设置了软篷；在动力和技术方面，配置了发动机、发电机、雷达等专业的仪器仪表，电话通信设备、冷气设备、家用电器，甚至卫星导航系统。

从整体上看，游艇就是一个融现代办公与家庭休闲为一体的海上流动的公寓，它在海上有着整体的功能特征，既可供家庭休闲使用，又可供朋友聚会或宴请客户时使用，这充分体现了现代生活的高质量与人的高品位。

根据功能不同，里面的设施也略有不同。运动型游艇一般都配有大功率的发动机，里面的设施可能要简单一些，而休闲型的游艇则会更加注重家庭气息，如配有厨房、客房、卡拉OK设备、电子游戏房、加长的钓鱼船尾等，以满足休闲时的家庭氛围。

大型游艇内装潢十分高档豪华，更注重在通信设备、会议设备、办公设备上的配套安装，充分体现出现代企业办公的需要。

游艇配套设备还包括游艇的污水处理系统、救生消防安全系统。

# 任务二　游艇项目岗位职责及任职要求

## 一、游艇乘务长

游艇乘务长（领班）在康乐部主管的领导下，带领游艇员工按照游艇的服务流程和规范，为客人提供优质的服务，需要具备以下的任职资格和承担以下岗位职责，如表 3-10 所示。

表 3-10　游艇乘务长任职要求与岗位职责

| 内容 | 细　则 |
| --- | --- |
| 上下级关系 | 直接上级：康乐部主管<br>直接下级：游艇服务员 |
| 岗位概述 | 在康乐部主管的领导下，带领员工按照游艇各岗位流程开展对客服务 |
| 任职资格 | 1. 学历要求：具有大专学历或同等文化程度，经专业培训合格，持证上岗<br>2. 体貌要求：身体健康，五官端正<br>3. 外语水平：具有基础的英语沟通能力<br>4. 培训记录：参加过游艇服务与管理培训<br>5. 工作经验：具有 2 年以上游艇员的工作经历，有较强的管理意识<br>6. 基本素质：掌握常规类游艇管理技能，具备游艇知识、游艇技能和成本核算的基础知识；工作责任心强，刻苦钻研业务技能；有团队协作意识，有敬业精神 |
| 岗位职责 | 1. 负责本班次接待服务工作的日常管理和各岗位人员的工作安排。提前 15 分钟上岗，整理仪容仪表，换好工作服，佩戴员工牌，签到<br>2. 阅读交接班记录和工作日志，了解上一班次的工作完成情况，落实本班次需要进行的工作。检查钥匙，清点物品，做好交接班工作<br>3. 召集班组例会，检查当班各岗位人员的签到情况，检查员工的仪容仪表。传达上级领导指示，布置当日工作<br>4. 检查游艇服务区的照明、空调的温度等是否达到营业要求，检查营业前的卫生和服务用品的准备情况，掌握各项设施设备的维护保养工作<br>5. 同员工一起做好对客接待服务工作，督导各岗位员工按照游艇的各项工作程序、服务规范与质量标准为客人提供优质服务<br>6. 巡视游艇服务区，检查服务员日常接待服务情况。妥善处理客人投诉，对难以解决的重要问题，及时报告主管请示处理办法<br>7. 督导服务台服务员做好每日营业记录，编制营业报表。填写工作日志和交接班记录，报主管领导阅批。与下一班次领班做好工作交接。若为当日最后一个班次，将交接班记录和工作日志摆放在规定位置，检查安全，做好下班前的一切准备工作 |

(续表)

| 内容 | 细则 |
|---|---|
| 岗位职责 | 8. 参加上级召开的工作例会。汇报工作情况和存在问题，听取工作指令，明确工作任务与重点注意事项。根据培训计划，参与对员工进行培训，不断提高员工业务素质<br>9. 负责每月盘点和日常成本核算，做好消耗用品使用的控制管理<br>10. 监督游艇所有人、驾驶人员、船员和乘员遵守国家法律、法规和规章 |

## 二、游艇服务员

游艇服务与酒店康乐部的其他运动项目服务有一定的差异性，对服务人员的综合素质要求更加全面，具体要求如表3-11所示。

表3-11 游艇服务员任职要求与岗位职责

| 内容 | 细则 |
|---|---|
| 上下级关系 | 直接上级：游艇乘务长<br>直接下级：无 |
| 岗位概述 | 在康乐中心游艇乘务长的领导下，按照服务流程和规范，为宾客提供游艇服务 |
| 任职资格 | 1. 学历要求：具有大专及以上学历，经专业培训合格，持证上岗<br>2. 体貌要求：身体健康，五官端正<br>3. 外语水平：具有基础的英语沟通能力<br>4. 培训记录：参加过游艇新员工入职技能培训<br>5. 工作经验：有2年以上康乐工作经验，相关专业院校毕业<br>6. 基本素质：根据游艇工作服务规范和服务程序，为客人提供优质的接待服务；具有较强的游艇产品推销能力；具有较好的人际沟通能力和敬业精神 |
| 岗位职责 | 1. 负责游艇服务区营业前各种物品准备工作，对设施设备进行营业前检查<br>2. 负责服务区清洁卫生工作，在乘务长的督导下做好环境卫生和设备卫生工作<br>3. 负责服务区接待服务工作，预订、领位、介绍项目及收费标准、结账等服务<br>4. 为宾客示范救生衣的穿戴，讲解各种游艇活动规则<br>5. 随时巡视现场情况，注意宾客活动，避免意外事故的发生<br>6. 主动做好巡查工作，发现设备故障，立即维修或报修<br>7. 负责游艇服务场地和设施设备清洁卫生工作，保持良好环境<br>8. 对游艇服务区的各种对客服务器具、用品进行保养<br>9. 负责酒水、饮料的推销服务<br>10. 上下班前需认真清理对客服务用品及账单<br>11. 认真做好营业期间的消防、安全防范工作，注意观察，发现问题及时汇报<br>12. 及时处理游艇服务区发生的各种突发事件<br>13. 认真执行游艇的交接班制度，做好交接班工作记录 |

## 任务三　游艇项目服务流程与规范

游艇服务属于高端服务，其服务流程与规范有别于一般的康乐项目，具体要求如表 3-12 所示。

表 3-12　游艇的服务流程与服务规范

| 服务流程 | 服务规范 |
| --- | --- |
| 准备工作 | 1. 清洁游艇室内的环境卫生，开窗换气<br>2. 服务员检查客用物品，发现破损、残缺的要及时更新<br>3. 补齐各类营业用品和服务用品，整理好桌椅<br>4. 查阅值班日志，了解客人的预订情况及交代其他未完成的工作<br>5. 再次检查服务工作的准备情况，做好迎客准备 |
| 迎宾服务 | 1. 客人到来时，主动向客人问好<br>2. 询问客人所需游艇服务项目<br>3. 引领客人到相应的游艇区域就坐 |
| 游艇室内服务 | 1. 为客人打开电视，主动为客人介绍安全须知，并示范救生衣穿戴<br>2. 对游艇服务项目作简单介绍，告知客人收费标准<br>3. 快速准确地为客人布置好台面，并告知客人开始娱乐的时间<br>4. 礼貌询问客人需要何种饮料<br>5. 在客人娱乐过程中，注意不要打扰客人，根据客人需求提供相应的服务，按规定进行服务巡视并填写巡视记录表<br>6. 客人娱乐结束时，告知客人结束时间，与客人确认总娱乐时间<br>7. 按结账程序快速准确地为客人结账 |
| 送客与整理服务 | 1. 客人离开时，询问客人对服务的意见，及时填写宾客意见本，对于客人提出的意见尽快回复，当场无法回复的上报管理人员<br>2. 提醒客人带好随身物品并检查有无遗留物品<br>3. 礼貌地与客人道别<br>4. 清理游艇室的卫生，做好接待新顾客的准备 |

## 任务四　游艇服务与管理技能训练

**实训目标**

通过酒店游艇部实地考察，使学生学会游艇服务的相关技能。

### 实训内容

走访校企合作的高星级酒店游艇部，了解游艇岗位设置及各岗位服务人员的岗位职责，观摩各岗位的对客服务情况。

### 实训步骤

第一步：教师下达实训任务书，并作讲解说明。

第二步：将班级分成4～5个小组，每组4～5人，每组根据"游艇服务项目技能实训任务书"的内容，选择3～4个问题，实地考察酒店游艇部服务项目，通过现场观察，参与实践，访谈专业人员，查找资料，分析讨论，形成问题答案。

第三步：各小组在班级分享调查结果。

第四步：教师归纳分析，总结成果。

### 实训成果

提交实训报告。

## 游艇服务项目技能实训任务书

组名：＿＿＿＿＿＿　　组员姓名：＿＿＿＿＿＿　　日期：＿＿＿＿＿＿

1. 制订一份游艇部营收计划。
2. 游艇部新员工需要掌握哪些技能？
3. 制订一份游艇部新员工服务技能培训计划。
4. 制订一份部门员工月度排班表。
5. 组织召开班前会及部门例会。
6. 怎样对游艇服务项目各岗位的员工进行有效管理？
7. 怎样做好游艇娱乐的推销服务？
8. 如何规范地为客人提供游艇服务？
9. 游艇服务需注意哪些关键问题？
10. 总结游艇服务程序。
11. 如何管理游艇的清洁卫生？
12. 如何对游艇服务员进行业绩考核？

### 案例分析

**游客在邮艇上摔伤**

王先生到海滨度假区的某游艇度假酒店疗休养，参加酒店组织的"出海一日游"，他在从甲板走向船舱过程中摔倒，导致右膝受伤。经医生诊断，为右髌骨骨折，经鉴定，构成十级伤残。王先生认为酒店游艇没有设置安全警示标志，导致了意外的发生，要求酒店返还全额旅游费，赔偿伤残赔偿金、误工费等损失20.3万元。酒店游艇提供的照片及录像资料显示，事发现场为游艇内舱，环境整洁，当时没有其他人员，游客脚穿人字拖从游艇甲板通过移动门返回船舱途中，步幅较大，左腿发生滑移，两腿跨成了一字型，右腿膝盖撞击船舱地面，随后侧倒无法站立。酒店认为游艇服务不存在缺陷，事后也已及时履行了救助义务，只愿意补偿王先生4 000元，双方意见分歧较大，不能达成一致。

### 思考并回答

1. 谈谈你对本次事故的理解，你认为该如何解决此类问题？
2. 在今后对客服务时，如何避免此类事情的发生？

## 任务评价表

组名：_____　　组员姓名：_____　　日期：_____

| 学习目标 | 评价内容 | 自评 | | | 组评 | | | 师评 | | |
|---|---|---|---|---|---|---|---|---|---|---|
| | | 优 | 良 | 中 | 优 | 良 | 中 | 优 | 良 | 中 |
| 知识目标 | 掌握酒店游艇的服务知识 | | | | | | | | | |
| | 熟悉游艇及主要设备知识 | | | | | | | | | |
| | 熟悉游艇服务程序与规范 | | | | | | | | | |
| | 熟悉游艇各岗位人员的工作职责及任职资格 | | | | | | | | | |
| 能力目标 | 能够掌握游艇常规的娱乐内容 | | | | | | | | | |
| | 能够为客人提供规范的游艇服务 | | | | | | | | | |
| | 能够处理游艇服务中遇到的常见问题 | | | | | | | | | |
| | 能够讲述游艇各岗位的职责要求 | | | | | | | | | |
| 素养目标 | 具有规范操作的安全意识 | | | | | | | | | |
| | 具有热情周到的服务意识 | | | | | | | | | |
| | 具有认真负责的工作态度 | | | | | | | | | |
| | 具有谦虚好学的进取意识 | | | | | | | | | |
| 任务单 | 内容完整正确 | | | | | | | | | |
| | 书写规范清楚 | | | | | | | | | |
| | 思路清晰、层次分明 | | | | | | | | | |
| 小组合作 | 小组工作氛围融洽 | | | | | | | | | |
| | 成员相互配合密切 | | | | | | | | | |
| | 小组全员参与 | | | | | | | | | |
| 整体评价 | 优秀：☐　　良好：☐　　达标：☐ | | | | | | | | | |
| 教师建议 | | | | | | | | | | |

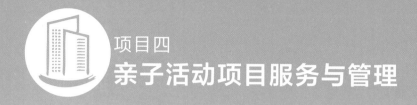

# 项目四
# 亲子活动项目服务与管理

线上学习资料

由于中国的整体时代和社会的不断发展，我国的家庭亲子关系正在发生着变化，少年儿童需要父母的陪伴，大人与孩子之间缺少沟通不利于孩子成长。假期父母陪孩子参加一些有益于儿童成长的活动，拉近孩子与父母的关系，有利于孩子健康成长。

### 知识目标

1. 掌握亲子活动的服务知识
2. 熟悉亲子活动的主要设备用具
3. 熟悉亲子活动服务程序与规范
4. 熟悉亲子活动各岗位的工作职责及任职资格

### 能力目标

1. 能够组织策划常规的亲子活动，并为客人提供规范的服务
2. 能够为客人展示常规的亲子活动娱乐游戏玩法
3. 能够处理亲子活动服务中遇到的常见问题
4. 能够讲述亲子活动各岗位的职责要求

### 素养目标

1. 具有集体协作的团队意识
2. 具有热情周到的服务意识
3. 具有认真负责的工作态度
4. 具有规范操作的安全意识

### 实训项目

设计酒店亲子活动的对客服务情景。

> **项目目标**
>
> 将班级学生分成若干小组，每组独立完成项目设计。每组成员用中/英文现场模拟演示本组设计的情景。

# 任务一 亲子活动

## 一、亲子活动简介

亲子活动是指父母陪着孩子在假期参加一些社团或者企业组织的一些有益于儿童成长的活动，促进孩子与父母的关系，让孩子结识更多的好朋友。通过活动锻炼孩子参与探索的性格，能让孩子在少年时期身心健康发展。

## 二、亲子活动项目分类

亲子活动可以分为：户外亲子、亲子体验、主题活动、家庭游戏等。具体有：宝宝爬行比赛、小小搬运工比赛、宝宝扭扭车比赛、宝宝保龄球比赛、宝宝生日会、儿童科普活动、童心梦想秀、亲子读书会、户外郊游等。

### （一）亲子采摘

它既满足了孩子凡事爱亲力亲为的天性，又能让孩子品尝到各种新鲜味美的水果。在周末带上孩子，远离都市的喧嚣，到郊区做一日的果农，和宝宝同心协力摘下沉甸甸的果子。草莓成熟的季节，自己采摘与简单的购买相比，既多了一份动手的乐趣，又多了一份初摘的新鲜，自然美味无穷。

### （二）亲子手工课堂

手工课的内容多种多样：烘焙课堂、折纸课堂、轻黏土课堂等。让孩子做手工，动手的同时也在动脑。制作手工的过程也是学习知识的过程，使孩子在玩中自然愉快地学习。亲子手工课是增进感情、改善亲子关系的好活动。

### （三）亲子职业体验

多种职业体验可以让孩子提前体验到职业的乐趣，如豆腐工坊、面点大师、机智小报童、童心设计师工业游、奶牛牧场、小小牙医。

### （四）亲子户外郊游

田园风光对于城市的孩子既陌生又新奇，带孩子户外郊游是个不错的选择，如野外撒欢之旅、冲上云霄飞行员之旅、传奇农场、萤火虫之夜、亲子农家乐……拥抱大自然，呼吸着清新的空气，踏着野草、捕捉昆虫、在小河边嬉戏。

### （五）亲子运动会

亲子运动会能锻炼家长和孩子的身体，开发孩子潜能，从小培养孩子们的合作意识和竞争意识，还可以增进工作繁忙的家长与孩子之间的情感默契，促进亲子情感培养。小时候看过"海拔最高"的风景大概就是爸爸肩膀上的风景，最刺激的事情莫过于被爸爸的双臂高高举起"开飞机"。让家长用宽厚的臂膀让孩子在怀抱中放肆地笑吧！

### （六）亲子海洋球

当百万个颜色鲜艳的海洋球同时出现在你和孩子们的面前。不管是跳、还是滑、蹦、滚、攀、扔、扑，百万海洋球均能满足！就只管尽情地和孩子在此撒欢儿吧，从而拉近和孩子之间的距离，让孩子置身于"海洋"中嬉戏玩耍，数不清的海洋球，这画面想想就十分温馨。

### （七）亲子知识拓展

图书馆、博物馆都会定期举办亲子绘本、讲座、分享会，这时可以带上孩子一同参加，让孩子能够受到知识的熏陶，增长见识。高质量的亲子陪伴不单单是和孩子一起玩乐，也包括亲子阅读，很多图书馆里都专门设置了儿童馆，有着丰富的资源，一定要善加利用。

## 三、亲子活动背景

随着我国经济的发展，家庭对子女教育越来越重视，家庭亲子关系正在发生显著的变化，特别是青少年在这个多元化环境中有着显著变化。有研究表明，青少年期是人生中最关键而又有特色的时期，是依恋与独立两种倾向暂时冲突和对立的阶段。而许多的父母都没有或缺乏主动意识去调适与青少年子女的关系。许多父母或多或少地面对过一种困惑，不知道为什么自己正确的意见与建议不能被孩子接受。而不少青少年学生在面对父母絮叨的教导时，则表现出较强的叛逆心理。很多家长因工作压力大

没什么时间陪孩子,导致亲子间出现隔阂。

多参加亲子活动,能够让家长和孩子共同参与、相互合作完成活动内容,进而拉近彼此的关系。亲子活动不仅能让孩子和父母更亲近,还能帮助孩子成长,让孩子结识更多的好朋友。

## 四、亲子活动特点

(1)能够启发孩子的智慧。要求亲子活动过程中既能利用和发挥孩子现有的能力,又能够引导和发展他们新的能力。

(2)亲子双方平等参与。亲子活动不是上课,家长不能居高临下对孩子指手画脚,而应当是活动的平等参与者。

(3)亲子活动具有多样性。只要我们有亲子沟通交流的意识,随时随地都可以在日常生活中的各个环节与孩子进行沟通交流,而不应将亲子活动局限于某些特殊的活动,否则将会影响到亲子活动的多样性,进而影响到亲子间沟通交流的广度和深度,影响到孩子的多样性发展。

(4)活动给亲子双方都带来乐趣。在亲子活动中既让孩子体会到创造和成功的欢乐,也让家长体会到参与交流的幸福。

## 五、亲子活动意义

### (一)有利于增进父母和孩子之间的情感交流

古希腊一位哲人曾说过:感情是由交流堆积而成的。任何一种感情的升华都有赖于交流。血浓于水,亲子之情虽是与生俱来,但由于现代社会竞争的日趋激烈,年轻的父母大多把大部分精力都用在工作及不断学习、提高中。曾几何时亲子间的接触不再频繁,与孩子共同游戏的时间更是明显减

少。可以抽个阳光灿烂的日子,与孩子共同进行一次别开生面的活动吧。让您的孩子更爱您,也会让您那颗因工作而疲劳的心得到片刻的安宁,享受真正的天伦之乐。

### (二)亲子活动有利于孩子身心的健康成长

现代健康理念已将健康的概念拓宽到生理、心理及社会适应能力三方面,而亲子

活动寓教于乐，寓知识于游戏中，同时开发孩子的智力，提高其动手能力、反应力、创造力，使孩子能在德、智、体、美、劳各方面得到全面发展！

### （三）有利于激发孩子的内在潜能

当家长在观摩教师教学活动时，孩子往往表现特别出色。其实，每个孩子都有这样一种心理，希望有人看着他，希望自己是亲人视线的焦点。父母鼓励的目光是他们不断进取的动力，也往往能激发他们的内在潜能。每个孩子都希望在父母面前表现一下，让父母为他们骄傲。而这也正是开展亲子活动的目的之一，它能使孩子更优秀、更上进，最终成为优秀人才。

综上所述，亲子活动对孩子与家长而言是有百益而无一害的，并且也越来越受到教育工作者和家长的重视。

## 六、亲子活动室管理的基本要求

### （一）亲子活动室设施设备管理要求

（1）亲子活动室设施设备贯彻"谁使用，谁负责"的管理制度，设施设备日常使用和维护保养，由领班负责，实行"四定"，非使用人员不得动用。

（2）每日营业前，领班和指定专人检查设备状况，做好调试，确保安全有效。每日营业结束指定专人检查，按时关闭设备。

（3）亲子活动室员工必须严格遵守设备清洁和使用操作规程，做好维护保养，各种设备必须按规程操作。设备发生故障时，由领班填写报修单，报工程部及时修理。

（4）做好各场所卫生清洁和消毒工作，满足客人卫生方面的需求。保持空气清洁，加强通风和消毒。

（5）做好设备、玩具等的日常保养和维修工作。

（6）客人未听劝阻违反宾客须知中有关规定，造成设备损坏，由领班按照酒店规定，请客人赔偿，并报告主管。

（7）亲子活动室员工未遵守操作规程造成设备损坏，按照酒店规定赔偿。

### （二）亲子活动室安全管理要求

（1）亲子活动室安全贯彻"谁组织，谁负责"的管理制度，由领班负责落实到人。

（2）安全管理贯彻"预防为主，防治结合"的原则，主管根据本项目的安全管理目

标、安全责任制度，将安全工作列入日常检查范围，确保亲子活动室的安全。

（3）每月开展一次安全教育或培训，认真做好防碰伤、防摔伤、防夹伤等事故发生的预防工作，确保酒店和客人人身财产安全。

（4）接待过程中，必须保证绝对安全，活动中要向客人说明使用规则，并帮助客人掌握使用和操作方法。

（5）重视设施设备安全，要建立一套严格的防护保养措施。

（6）如发生严重事故，在制止事态发展的同时，必须保护好现场，并速报经理，请公安部门和酒店保安部门处理。

（7）凡发生事故，必须查明基本情况，整理记录基本信息。

## 任务二　亲子活动项目岗位职责及任职要求

### 一、亲子活动室领班

亲子活动部领班需要有中小学及幼儿教育的背景，接受过专业的培训，能组织下属员工有效开展工作，具体要求如表3-13所示。

表3-13　亲子活动部领班任职资格与岗位职责

| 内容 | 细　　则 |
| --- | --- |
| 上下级关系 | 直接上级：康乐部主管<br>直接下级：亲子活动部服务员 |
| 岗位概述 | 在康乐部主管的领导下，带领员工按照亲子活动流程开展对客服务 |
| 任职资格 | 1. 学历要求：具有大专（幼师）学历或同等文化程度<br>2. 体貌要求：身体健康，五官端正<br>3. 外语水平：具有基础的英语沟通能力<br>4. 培训记录：参加过酒店新员工入职培训及部门亲子岗位技能培训<br>5. 工作经验：具有2年以上亲子活动员的工作经历<br>6. 基本素质：具有亲子活动管理、亲子知识、亲子活动组织、策划技能和成本核算的基础知识；熟悉电脑操作；有较强的责任意识、管理意识；有良好的团队协作能力、沟通能力、服务意识及管理能力，具有良好的敬业精神 |
| 岗位职责 | 1. 负责本活动中心的日常管理和各岗位人员的工作安排。每天提前15分钟上岗，整理仪容仪表，换好工作服，佩戴员工牌，到康乐部经理处签到 |

(续表)

| 内容 | 细　则 |
|---|---|
| 岗位职责 | 2. 阅读交接班记录和工作日志，了解每日工作完成情况，落实每天需要进行的工作。检查各活动室钥匙，清点活动物品<br>3. 召集班组例会，检查当班各岗位人员的签到情况，检查员工的仪容仪表。传达上级领导指示，布置当日工作内容<br>4. 检查各亲子活动点的设施设备、物品配置是否达到营业要求，检查营业前的卫生和物品布置准备情况<br>5. 同员工一起做好对客接待服务工作，督导服务员为客人做好报名接待工作，督导各岗位员工按照酒店制定的亲子活动工作程序、服务规范为客人提供优质服务<br>6. 巡视亲子活动各岗点，检查服务员日常接待服务情况。妥善处理客人投诉，对难以解决的重要问题，及时报告主管请示处理办法<br>7. 督导服务台服务员做好每日营业记录，编制营业报表。填写交接班记录和工作日志，报主管阅批，与下一班次领班做好工作交接。并将交接班记录和工作日志摆放在规定位置，检查安全，做好下班前的一切准备工作<br>8. 参加主管召开的领班例会。汇报工作情况和存在问题，听取工作指令，明确工作任务与重点注意事项。根据培训计划，参与对员工进行培训，不断提高员工业务素质<br>9. 负责每月盘点和日常成本核算，做好消耗用品使用的控制管理 |

## 二、亲子活动部服务员

亲子活动部服务员需要有幼儿教育的背景，接受过专业的培训，选聘要求如表3-14所示。

表3-14　亲子活动部服务员任职资格与岗位职责

| 内容 | 细　则 |
|---|---|
| 上下级关系 | 直接上级：亲子活动部领班<br>直接下级：无 |
| 岗位概述 | 在康乐部亲子活动中心领班的领导下，按照服务流程和规范，为宾客提供亲子活动服务 |
| 任职资格 | 1. 学历要求：具有高中（幼师）学历或同等文化程度<br>2. 体貌要求：身体健康，五官端正<br>3. 外语水平：具有基础的英语沟通能力<br>4. 培训记录：参加过酒店新员工入职培训及亲子岗位技能培训<br>5. 工作经验：有1年以上康乐工作经验，相关专业院校毕业<br>6. 基本素质：根据亲子活动室工作服务程序和规范，为客人提供优质的接待服务；为客人讲解亲子活动项目，示范游戏规则；具有较好的人际关系处理能力，能够妥善处理上下级之间的关系，善于处理与客人之间的关系 |
| 岗位职责 | 1. 负责亲子活动室营业前各种物品准备工作，对设施设备进行营业前检查 |

(续表)

| 内容 | 细 则 |
|---|---|
| 岗位职责 | 2. 负责亲子活动室的清洁卫生工作，在领班的督导下做好环境和设备卫生工作，保持环境整洁，空气清新，符合服务标准<br>3. 负责亲子活动室接待服务工作，包括预订、领位、介绍项目及收费标准、结账等服务<br>4. 根据宾客需要，为宾客示范、讲解亲子活动项目及游戏规则<br>5. 随时巡视现场情况，注意宾客活动，尤其是儿童安全，避免意外事故的发生<br>6. 主动做好巡查工作，发现设备故障，立即维修或报修<br>7. 对亲子活动室的各种设备、玩具、用品进行保养<br>8. 做好对客亲子活动推销服务工作<br>9. 上下班前，须认真清理玩具、用品等<br>10. 及时处理亲子活动室发生的各种突发事件<br>11. 认真做好营业期间安全防范工作，注意观察，发现问题及时汇报<br>12. 认真执行饭店的交接班制度，做好交接班工作记录 |

# 任务三 亲子活动项目服务流程与规范

亲子活动服务属于高端服务，需要有高度的爱心、耐心、责任心等，其服务流程与规范具体要求如表3-15所示。

表3-15 亲子活动部服务流程与服务规范

| 服务流程 | 服务规范 |
|---|---|
| 准备工作 | 1. 打开亲子活动区域内的窗户或换气扇进行通风，并清洁活动室内的环境卫生<br>2. 服务员检查客用物品，发现夹角、破损、残缺的物品要及时作包角处理和更新<br>3. 补齐各类活动用品和服务用品，并整理好桌椅玩具、道具等<br>4. 查阅值班日志，了解客人的预订情况及交代其他未完成的工作<br>5. 再次仔细检查服务工作的准备情况，做好迎客准备 |
| 迎宾服务 | 1. 客人到来时，主动向小孩家长和小朋友问好<br>2. 询问客人所需亲子活动种类<br>3. 引领客人到相应的亲子活动场地前 |
| 亲子活动服务 | 1. 为客人打开电视，协助客人挂好外套<br>2. 告知客人亲子活动项目和计费标准<br>3. 快速准确地为客人布置好场地，并展示游戏规则<br>4. 在客人活动过程中，注意不要打扰客人，根据客人需求提供相应的服务，按规定进行服务巡视并填写巡视记录表<br>5. 客人活动结束时，告知客人结束时间，确认总活动时间<br>6. 按结账程序快速准确地为客人结账 |

(续表)

| 服务流程 | 服务规范 |
|---|---|
| 送客与整理服务 | 1. 客人离开时，询问客人对服务的意见，及时填写宾客意见<br>2. 提醒客人带好随身物品并检查有无遗留物品<br>3. 礼貌地与亲子客人道别<br>4. 清理亲子活动室卫生，做好接待新顾客的准备 |

## 任务四　亲子活动服务与管理技能训练

### 实训目标

通过酒店实地考察，使学生学会亲子活动项目服务的相关技能。

### 实训内容

走访校企合作的高星级酒店康乐部，了解亲子活动岗位设置及各岗位服务人员的岗位职责，观摩各岗位的对客服务情况。

### 实训步骤

第一步：教师下达实训任务书，并作讲解说明。

第二步：将班级分成4~5个小组，每组4~5人，每组根据"亲子活动服务项目技能实训任务书"的内容，选择3~4个问题，实地考察酒店康乐部亲子活动室服务项目，通过现场观察，参与实践，访谈专业人员，查找资料，分析讨论，形成问题答案。

第三步：各小组在班级分享调查结果。

第四步：教师归纳分析，总结成果。

### 实训成果

提交实训报告。

---

### 亲子活动服务项目技能实训任务书

组名：_____　　组员姓名：_____　　日期：_____

1. 制订一份亲子活动部营收计划。
2. 亲子活动中心新员工需要掌握哪些技能？
3. 制订一份亲子活动新员工服务技能培训计划。
4. 制定部门员工月度排班表。

5. 组织召开班前会及部门例会。
6. 怎样对亲子活动中心各岗位的员工进行有效管理?
7. 怎样针对不同客人做好亲子活动推销服务?
8. 如何规范地为客人提供亲子活动服务?
9. 亲子活动服务需注意哪些关键问题?
10. 总结亲子活动服务程序。
11. 如何管理亲子活动中心的清洁卫生?
12. 如何对亲子活动中心服务员进行业绩考核?

## 案例分析

### 小孩脸上有指甲刮伤的痕迹

在开元某酒店的某日,一姓李的女士来电话投诉,她前一天送孩子参加酒店组织的亲子活动,晚上接回家后,发现儿子脸上有两处小指甲刮过的伤痕。当时服务员称当班服务员已经下班了,孩子也是回家才发现,也许是在其他地方刮伤的。客人听后很生气,再次打电话到大堂副理处投诉,大堂副理处接到电话以后,立刻向李女士道歉,并表示会马上调查,等结果出来后,会第一时间告知她,并表示李女士可以带小孩到附近医院检查,所需费用由酒店承担,李女士听到大堂副理这样表态后,就说问题不严重,只是一点皮外伤,不再追究了。

## 思考并回答

1. 如果你是一名酒店亲子活动中心服务人员,该如何避免此类问题的发生?
2. 在接到客人投诉电话时,如何进行有效沟通?

## 任务评价表

组名：_____  组员姓名：_____  日期：_____

| 学习目标 | 评价内容 | 自评 | | | 组评 | | | 师评 | | |
|---|---|---|---|---|---|---|---|---|---|---|
| | | 优 | 良 | 中 | 优 | 良 | 中 | 优 | 良 | 中 |
| 知识目标 | 掌握酒店亲子活动的服务知识 | | | | | | | | | |
| | 熟悉亲子活动室主要设备用具及亲子活动知识 | | | | | | | | | |
| | 熟悉亲子活动的服务程序与规范 | | | | | | | | | |
| | 熟悉亲子活动各岗位的工作职责及任职资格 | | | | | | | | | |
| 能力目标 | 能够组织策划常规的亲子活动，并为客人提供规范的服务 | | | | | | | | | |
| | 能够为客人展示常规的亲子活动娱乐游戏玩法 | | | | | | | | | |
| | 能够处理亲子活动服务中遇到的常见问题 | | | | | | | | | |
| | 能够讲述亲子活动各岗位的职责要求 | | | | | | | | | |
| 素养目标 | 具有集体协作的团队意识 | | | | | | | | | |
| | 具有热情周到的服务意识 | | | | | | | | | |
| | 具有认真负责的工作态度 | | | | | | | | | |
| | 具有规范操作的安全意识 | | | | | | | | | |
| 任务单 | 内容完整正确 | | | | | | | | | |
| | 书写规范清楚 | | | | | | | | | |
| | 思路清晰、层次分明 | | | | | | | | | |
| 小组合作 | 小组工作氛围融洽 | | | | | | | | | |
| | 成员相互配合密切 | | | | | | | | | |
| | 小组全员参与 | | | | | | | | | |
| 整体评价 | 优秀：□　　良好：□　　达标：□ | | | | | | | | | |
| 教师建议 | | | | | | | | | | |

# 模块四
## 保健养生类项目

## 项目一
# 桑拿浴项目服务与管理

桑拿和按摩作为被动参与型保健项目，从诞生至今始终受到人们的喜爱。桑拿浴通过蒸汽使人大量出汗，有减肥功效，反差强烈的冷热刺激促进了全身皮肤的深呼吸，促进了新陈代谢和血液循环，使体内的有害物质随着皮肤的呼吸而排出体外，从而起到清除体内垃圾、保健身心的作用，对美容、养肤等有一定的作用。

自从人们的按摩动机由医疗需求转为保健需求后，按摩也就自然而然地成为康乐的一部分，逐渐被大众所接受和认可。保健按摩的种类丰富，方法多样，可以提高机体的免疫功能，加快新陈代谢，改善肌肉的弹性，振奋精神，消除疲劳。

### 知识目标
1. 掌握桑拿浴的服务知识
2. 熟悉桑拿浴的服务流程
3. 熟悉桑拿浴的服务规范
4. 熟悉桑拿浴各岗位的工作职责及任职资格

### 能力目标
1. 能够熟练使用桑拿浴的设施设备
2. 能够熟练地为客人提供桑拿浴服务
3. 能够处理桑拿浴服务中遇到的常见问题
4. 能够讲述桑拿浴各岗位的职责要求

### 素养目标
1. 具有全员推销的营销意识
2. 具有热情周到的服务意识
3. 具有勤快踏实的工作态度
4. 具有养生保健的健康意识

### 实训项目
设计保健养生项目的对客服务情景。

> **项目目标**
>
> 将学生分为若干组，每组独立完成应对方案与卫生管理标准。各组按对应方案进行现场模拟。各组分别介绍本组所拟定的卫生管理标准，进行交流与讨论。

# 任务一 桑拿浴

## 一、桑拿浴简介

桑拿浴是一种特殊的洗浴方式，是指在封闭房间内用蒸汽对人体进行理疗的过程，兼有清洁皮肤和治疗疾病两种作用。桑拿通过接连几次的冷热交替可缓解疼痛、松弛关节。对皮肤来说，蒸汽浴过程中皮肤血管明显扩张，从而大量出汗，使血液循环得到改善。

## 二、桑拿浴分类

桑拿浴从广义的角度有干蒸和湿蒸两种洗浴方式，干桑拿浴由芬兰传入中国，因而称为芬兰浴；湿桑拿浴则由土耳其传入中国，因而也称为土耳其浴。

### （一）干蒸

干蒸是狭义的桑拿浴，又称芬兰浴，在一个面积不大的特制木结构房间，房间的四周有两层躺板，中间是一个通电加热矿石炉，旁边配有冷水桶。客人享受时，将冷水泼在烧红的矿石上，就会产生一种清淡的矿物质香味，这种香味对人体有益。其整个沐浴过程是将室内温度升高到85℃左右，使沐浴者犹如置身于骄阳之下或沙漠中一样，体内的水分被大量地蒸发，以达到排汗的目的。

### （二）湿蒸

湿蒸是一种蒸汽浴，又称土耳其浴，土耳其浴是在公众浴场进行的一种传统洗浴方式。它利用浴室内的高温，使人大汗淋漓，再用温水或冷水淋浴全身，达到清除污垢、舒活筋骨、消除疲劳的目的。

土耳其浴的历史可以追溯到古罗马时期。自从土耳其人从东罗马帝国手中夺取了君士坦丁堡以后，便把罗马式的洗浴方式改成了如今的土耳其浴，并渐渐闻名于世界。

在正宗的土耳其浴室内，专门有一批被称之为"坦拉克"的按摩师，通过按摩，沐浴者全身皮肤微红、血脉流畅，顿觉浑身轻松、舒适无比。

### (三) 韩式汗蒸

汗蒸房起源于韩国，从古老的黄泥汗蒸演变成如今的高科技、高效能、多用途的新一代细胞浴。其在传统汗蒸房基础上采用优质电气石为原料，运用高科技，使室温控制在38～43℃。通过加温和保温，电气石的能量可以快速、强烈地以远红外、负离子、微电流及微量元素的形式释放出来，它们共同构成的能量场可间接地通过空气向人体提供能量，使人体细胞由休眠状态转化为运动状态，加快人体的血液循环及新陈代谢，排出体内毒素，补充新的营养，平衡人体酸碱度，从而起到保健和治疗的作用。

### (四) 光波浴

光波浴又称红外线桑拿浴，是继传统的桑拿浴之后，出现的一种新的洗浴方式。光波浴是利用红外线发生器发出的红外光照射人体，与人体内的红外线发生共振而产生内热的原理，从而使人体在40℃的环境温度下大量出汗，使之与"干桑拿"有相同的效果。

光波浴是在一个木质的小浴房内进行，浴房重量轻、安装简单、移动方便，但对浴房的木材质量要求很高，其独特的板块结构设计能保持光波辐射面最大。光波浴房的核心设备由5个红外辐射元件组成，以求对人体进行全方位的辐照，其主要施治部位在人的腹部、胸部、背部及四肢，起到调节阴阳、舒经活络之功效。

### (五) 药浴

药浴是桑拿浴与古老中国式洗浴的结合。药浴是根据中医理论，依据某些中药如丹参、当归、首乌、石菖蒲等的药用价值和不同功效，按一定的比例加以精选、煎熬，并配制成浓缩液，在有效期内投放一定比例于温水中，客人可根据自身的身体状况、偏好来选择的一种洗浴方式。

桑拿

由于在进行完桑拿浴后，人的表皮细血管扩张，促进血液循环，因而更有利于吸收药剂成分，能比传统药浴更好地达到预期的功效。

## 三、桑拿浴的主要设备

（1）桑拿浴的设备主要是木制房。房间内有木条制的休息区和枕头，墙上有防水照明灯、温度计、计时器。地板是由木条制成的，可以排水。

（2）桑拿炉是通过电热载石盒，加热装在炉中的桑拿石，使室温迅速升高，而使客人蒸浴。先进的桑拿炉配备了全自动电子恒温控制器，能根据客人的需要随时调节室温和保持室温。

（3）桑拿浴室设有桑拿木桶和木勺等配件，在洗浴过程中客人不断地用木勺舀水泼到桑拿石上，水碰到火红滚烫的石头后会立刻变成水蒸汽弥漫在空气中，用来调节室内湿度。

（4）蒸汽浴室通常采用塑料或特种玻璃钢制造。一间简单的房间里排满了座椅，地面是由防滑材料做成的，室外的电动蒸汽炉制造的蒸汽通过管道输入浴室，蒸汽炉配有蒸汽压力安全保险装置、全自动温度控制器。蒸汽浴室有防蒸汽的墙灯，棚顶还配有自动香精喷雾器和自动清洗器。

（5）冲浪浴缸即冲浪按摩浴缸，包括设置在浴缸上与循环管道相接的按摩水泵和设置在浴缸内的按摩喷嘴，循环管道上设置有纳米光触媒过滤装置。

（6）蒸汽喷淋花洒房是用特种玻璃钢制成，全封闭。浴室外可安装小蒸汽炉，并配有恒温控制器，使浴室成为蒸汽房。这种花洒房体积小、功能多。较适合于家庭和酒店的豪华套房内使用。

（7）光波房是风靡于欧美的第三代保健沐浴设备，它以 5.6～15 微米的远红外线为主要能量，采取低温出汗技术，在沐浴的同时还可轻松地享受音乐，有良好的保健作用。

## 四、使用桑拿设备应注意的事项

（1）桑拿房内严禁放置易燃易爆物品、禁止晾晒衣服等。

（2）桑拿炉应安装漏电保护装置，并有良好的接地保护，以免漏电伤人。

（3）定期检查温控器和定时器，如有故障，应及时与维修人员联系，确保人身与设备使用安全。

（4）及时清理桑拿石碎片并更换桑拿石，防止碎石片堵塞桑拿炉通风孔导致炉膛内温度过高损坏炉丝。

（5）定期检查电源电路及桑拿炉的绝缘水平，消除事故隐患。

（6）桑拿房内应使用专用的木桶木勺，待桑拿房内温度升到 60℃以上再进行适量浇水，防止因温度过低时浇水造成漏电伤人事故。

# 任务二 桑拿浴项目岗位职责及任职要求

## 一、桑拿浴部领班

桑拿浴部领班需要接受过专业的技能和管理培训,能组织下属员工有效开展工作,具体要求如表 4-1 所示。

表 4-1 桑拿浴部领班任职资格与岗位职责

| 内容 | 细则 |
| --- | --- |
| 上下级关系 | 直接上级：康乐部主管<br>直接下级：桑拿浴部服务员 |
| 岗位概述 | 在康乐部主管的领导下,带领员工按照桑拿室服务流程开展对客服务 |
| 任职资格 | 1. 学历要求：高中（中专）及以上学历、受过专业培训<br>2. 体貌要求：身体健康,五官端正<br>3. 外语水平：具有基础的英语沟通能力<br>4. 培训记录：参加过酒店新员工入职培训及桑拿岗位技能培训<br>5. 工作经验：具备 2 年以上相关工作经历,有丰富的桑拿浴室管理经验<br>6. 基本素质：具备相当管理经验和沟通能力,能公正处理各类问题,热爱本职工作,有敬业精神 |
| 岗位职责 | 1. 对部门经理与经理助理所辖区域内的活动项目进行全面管理<br>2. 制定员工管理、物品管理、布件管理、酒水管理的各项规章制度,每月写一份工作计划,每周进行工作小结<br>3. 掌握各营业场所状况,根据各场所客源量及时调配人力<br>4. 检查浴室里的冷、热水池水质是否良好以及桑拿房里的温度是否正常<br>5. 每日营业前、后检查桑拿浴室、冲浪浴池、蒸汽浴室、休息区、更衣室、淋浴室与卫生间的清洁卫生各一次<br>6. 检查各分部场所的设施、设备的维修保养状况。如有需要维修的项目,应立即上报<br>7. 负责安排各业务班组的各项工作<br>8. 对下属的考勤进行统计,根据员工表现,进行表扬或批评、奖励或处罚<br>9. 负责组织、策划大型活动,协调各班组的工作<br>10. 负责监督、控制营业班组服务流程的每一个动态,确保其规范化、科学化、标准化<br>11. 及时向上级汇报工作<br>12. 处理客人投诉 |

康乐运作实务

## 二、桑拿浴部服务员

桑拿浴部服务员的任职资格和岗位职责如表 4-2 所示。

表 4-2　桑拿浴部服务员任职资格与岗位职责

| 内容 | 细　　则 |
|---|---|
| 上下级关系 | 直接上级：桑拿浴部领班<br>直接下级：无 |
| 岗位概述 | 在康乐部桑拿浴室领班的领导下，按照服务流程和规范，为宾客提供桑拿接待服务 |
| 任职资格 | 1. 学历要求：高中（中专）及以上学历<br>2. 体貌要求：身体健康，五官端正<br>3. 外语水平：具有基础的英语沟通能力<br>4. 培训记录：参加过酒店新员工入职培训及桑拿岗位技能培训<br>5. 工作经验：有 1 年以上康乐工作经验，或相关专业院校毕业<br>6. 基本素质：能够熟练为客人讲解桑拿种类及特点，具备一定的服务意识，并愿意从事服务工作，具有较好的人际关系处理能力，善于处理与客人之间的关系，具备较强的组织纪律性 |
| 岗位职责 | 1. 负责营业场所的卫生清洁保养工作<br>2. 负责营业区的物品准备工作<br>3. 注意观察客人的异常情况，发现问题应及时汇报等<br>4. 接待客人前检查桑拿室温度、冷热水池水质情况是否正常<br>5. 热情为客人提供桑拿浴室内的整套服务<br>6. 负责浴室停止服务后的卫生工作，清洁浴池、将客人用过的毛巾、浴衣等送至洗衣房<br>7. 保持更衣室、蒸汽浴室、桑拿房、卫生间的整洁、清洁地面的杂物、污迹，及时擦拭室内座椅，更换厕纸，喷洒空气清新剂<br>8. 服从工作安排，与按摩服务员合作<br>9. 勤巡查，提醒客人保管好私人物品，禁止儿童进入 |

## 任务三　桑拿浴项目服务流程与规范

桑拿保健项目服务员在为客人进行桑拿浴服务时，应遵循以下服务流程和规范，如表 4-3 所示。

表 4-3　桑拿浴部服务流程与服务规范

| 服务流程 | 服务规范 |
|---|---|
| 岗前准备 | 1. 客人抵达前，服务工作人员要提前清洁接待大厅、更衣室、休息大厅，保证环境卫生<br>2. 更衣室的服务员要清点更衣柜钥匙，补充客用毛巾和洗浴用品，并将已经消毒的 |

(续表)

| 服务流程 | 服务规范 |
|---|---|
| 岗前准备 | 拖鞋、浴巾和浴服摆放整齐<br>3. 水区服务员要提前做好桑拿房和淋浴间的卫生清洁和消毒工作<br>4. 桑拿房管理人员要检查桑拿房的设施设备运行情况，检查用品是否齐全<br>5. 休息厅的服务员要提前清洁和整理休息厅及包间的环境，水吧要准备好当日供应的饮料和小食品等 |
| 迎宾服务 | 1. 热情大方主动与客人打招呼<br>2. 有序地把客人引导到更衣室 |
| 更衣室服务 | 1. 礼貌地同客人打招呼，请客人出示手牌并引导客人到更衣柜前，把更衣柜打开，在不忙的情况下帮助客人把衣服挂好<br>2. 当客人更衣完毕后，引导客人到浴区<br>3. 服务过程中要能灵活使用文明礼貌用语及服务术语，并耐心地解答客人所提出的问题<br>4. 做好客人进出登记情况 |
| 浴区服务 | 1. 耐心、周到地介绍服务项目<br>2. 将宾客引领到桑拿房，帮宾客打开门，请宾客入内，帮宾客铺好坐巾<br>3. 待宾客坐好时，询问宾客温度是否合适。询问宾客是否需要饮料。然后后退一步，走出桑拿房<br>4. 客人洗浴期间要按时巡视桑拿房<br>5. 客人洗浴结束离开后，关闭各种设备开关，更换浴巾，打扫浴室 |
| 二次更衣服务 | 1. 首先帮助客人换好拖鞋<br>2. 为客人擦干后背的汗，把浴巾放在客人身上<br>3. 及时把干净的浴服礼貌地送到客人面前 |
| 休息大厅服务 | 1. 引导客人找到合适的位置休息<br>2. 礼貌地询问客人需要什么服务，询问时要热情周到<br>3. 客人睡觉时要及时为客人盖好毛毯<br>4. 及时为客人送上点心和茶水，更换烟灰缸 |
| 浴后服务 | 1. 客人准备离开休息大厅或消费完毕时，更衣室服务员要帮助客人打开更衣柜，协助客人换好服装后，提醒客人带好随身物品，引领客人到接待大厅签单或用现金结账<br>2. 在客人离开接待大厅时，接待员礼貌地向客人道别 |

## 任务四　桑拿浴服务与管理技能训练

**实训目标**

通过酒店实地考察，使学生学会桑拿浴项目服务的相关技能。

### 实训内容

走访校企合作的高星级酒店康乐部，了解桑拿浴岗位设置及各岗位服务人员的岗位职责，观摩各岗位的对客服务情况。

### 实训步骤

第一步：教师下达实训任务书，并作讲解说明。

第二步：将班级分成4～5个小组，每组4～5人，每组根据"桑拿浴服务项目技能实训任务书"内容，选择3～4个问题，实地考察酒店康乐部桑拿浴室服务项目，通过现场观察，参与实践，访谈专业人员，查找资料，分析讨论，形成问题答案。

第三步：各小组在班级分享调查结果。

第四步：教师归纳分析，总结成果。

### 实训成果

提交实训报告。

---

**桑拿浴服务项目技能实训任务书**

组名：_____　　组员姓名：_____　　日期：_____

1. 制订一份桑拿浴部营收计划。
2. 桑拿浴部新员工需要掌握哪些技能？
3. 制订一份桑拿浴部新员工服务技能培训计划。
4. 制订部门员工月度排班表。
5. 组织召开班前会及部门例会。
6. 怎样有效对桑拿浴部各岗位的员工进行管理？
7. 怎样针对不同客人做好桑拿浴会员推销？
8. 如何规范地为客人提供桑拿浴服务？
9. 桑拿浴服务需注意哪些关键问题？
10. 总结桑拿浴服务程序。
11. 如何管理桑拿浴部的清洁卫生？
12. 如何对桑拿浴部服务员进行绩效考核？

## 案例分析

### 婉拒客人桑拿浴

一天晚上，开元某酒店桑拿室的服务人员小王为一女宾提供更衣服务时突然发现该女宾的腰间有一圈色泽鲜红的小疹子。小王怀疑该女宾患有传染性皮肤病——带状疱疹，因此，担心其他客人有意见。虽然桑拿室有规定谢绝接待患有皮肤病和传染病的客人，但小王不便直接阻止客人进入。经过思考，小王婉转地询问该女宾"最近皮肤是否有什么不舒服？"在与该女宾聊天的过程中，顺便告诉这位女宾自己家里以前曾有人得过这种病，桑拿浴可能会加重病情，对皮肤不好，在治疗期间不适合到公共场所洗桑拿浴等。然后小王为客人端上一杯冷饮，请客人再考虑一下是否还要进入桑拿室。

经过小王礼貌周到的服务与劝说，该女宾打消了进入桑拿室的念头，离开时向小王表示了感谢。

## 思考并回答

1. 在日常桑拿浴接待工作中，有哪些途径有助于做好观察工作？
2. 从宾客的心理角度考虑，如何谢绝接待有皮肤病的客人？
3. 当发现不符合接待条件的宾客时，你会如何处理？

## 任务评价表

组名：_____　　　组员姓名：_____　　　日期：_____

| 评价内容 | | 自评 | | | 组评 | | | 师评 | | |
|---|---|---|---|---|---|---|---|---|---|---|
| 学习目标 | 评价内容 | 优 | 良 | 中 | 优 | 良 | 中 | 优 | 良 | 中 |
| 知识目标 | 掌握桑拿浴服务的知识 | | | | | | | | | |
| | 熟悉桑拿浴的服务流程 | | | | | | | | | |
| | 熟悉桑拿浴的服务规范 | | | | | | | | | |
| | 熟悉桑拿浴各岗位的工作职责及任职资格 | | | | | | | | | |
| 能力目标 | 能够熟练使用桑拿浴的设施设备 | | | | | | | | | |
| | 能够熟练地为客人提供桑拿浴服务 | | | | | | | | | |
| | 能够处理桑拿浴服务中遇到的常见问题 | | | | | | | | | |
| | 能够讲述桑拿浴各岗位的职责要求 | | | | | | | | | |
| 素养目标 | 具有全员推销的营销意识 | | | | | | | | | |
| | 具有热情周到的服务意识 | | | | | | | | | |
| | 具有勤快踏实的工作态度 | | | | | | | | | |
| | 具有养生保健的健康意识 | | | | | | | | | |
| 任务单 | 内容完整正确 | | | | | | | | | |
| | 书写规范清楚 | | | | | | | | | |
| | 思路清晰、层次分明 | | | | | | | | | |
| 小组合作 | 小组工作氛围融洽 | | | | | | | | | |
| | 成员相互配合密切 | | | | | | | | | |
| | 小组全员参与 | | | | | | | | | |
| 整体评价 | 优秀：☐　　良好：☐　　达标：☐ | | | | | | | | | |
| 教师建议 | | | | | | | | | | |

# 项目二
# 足疗项目服务与管理

线上学习资料

足部保健有益于人体的养生保健，以简便、灵验的特点，盛行千载而不衰。泡足疗法始于民间，我国古代劳动人民在用水清洗身上污垢的过程中，发现洗疗具有清洁卫生、消除疲劳等养生保健作用，并有解除机体某些疾患的功效，进而逐步采用药物浸泡液、煎煮液等，通过浸泡、外洗、熏蒸双足等部位来防治疾病。

### 知识目标

1. 掌握足疗的保健知识
2. 熟悉足疗的服务流程
3. 熟悉足疗的服务规范
4. 熟悉足疗各岗位的工作职责及任职资格

### 能力目标

1. 能够掌握足疗部的设备使用方法
2. 能够为客人提供规范的足疗服务
3. 能够处理足疗服务中遇到的常见问题
4. 能够讲述足疗部各岗位的职责要求

### 素养目标

1. 具有团队协作、全员推销的意识
2. 具有主动热情、细致周到的服务意识
3. 具有踏实勤快、认真负责的工作态度
4. 具有养生保健与快乐工作的意识

### 实训项目

设计酒店足疗项目的对客服务情景。

### 项目目标

将班级学生分成若干小组，每组独立完成项目设计。每组成员用中/英文现场模拟演示本组设计的情景。

# 任务一　足　　疗

## 一、足疗简介

泡足又称洗足疗法或脚疗法，是用热水或药液浸泡双脚，以达到防病治病、强身健体、延年益寿目的的一种方法。泡足疗法历史悠久、源远流长，它属于自然疗法中洗疗疗法（又称药疗法）的范畴。

足疗不仅能消除疲劳、除去汗臭，且能缓解足癣、足皮肤粗糙干裂、足跟痛、冻疮、风湿病痛、关节炎、下肢麻木等病症，还具有降压醒脑、提高人体免疫力等功效。如今，一些专家为了使足疗发挥更多的治病作用，而将有关中药加工配制成健身疗液。将此疗液加入热水后洗脚，则更具疗效。

### （一）促进新陈代谢

足疗有增加血管数量，特别是增加侧支微血管的功效，可以促使血管扩张，利于为各组织器官输送更多的氧气和营养物质，从而改善整体的新陈代谢。

### （二）促进血液循环

一般来说，体温与血液循环有密切关系，体温低，血液循环也较慢，体温升高则血液循环也随之旺盛。热水足疗可以改善足部血液循环，扩张足部血管，增高皮肤温度，从而促进足部和全身血液循环；同时热水足疗也使足部的血液流速和流量增加，从而改善心脏功能，降低心脏负荷。经测试，一个健康的人用40～50℃的水浸泡双足30～40分钟，热水足疗可使血液循环得到改善。

### （三）养生美容，养脑护脑

热水足疗可以调节经络和气血。足部血管扩张，血容量增加，从而使头部血流加快，及时补充大脑所需氧气和营养物质。

### （四）调节身体平衡

足疗促使各内分泌腺体分泌各种激素，调节体内脂肪、蛋白质、糖、水、盐的代谢平衡，从而改善新陈代谢和促进内外环境相对稳定，使机体保持健康。

### （五）改善睡眠

足部有丰富的神经末梢和毛细血管，用热水泡脚对神经和毛细血管有温和的刺激作用。这种温热刺激反射到大脑皮层，会起到抑制作用，使兴奋的交感神经顺利地向副交感神经转换。副交感神经兴奋后，此时人处于安静的休息状态，从而改善睡眠。热水洗脚是种良性刺激，可活跃末梢神经，调节内分泌系统功能，改善睡眠，增强记忆力，令人轻松舒适。因而，坚持足疗不失为一种强身健体的方法。

## 二、足疗分类

### （一）热水足疗

用热水泡脚，可用40℃左右的水浸泡双脚（浸泡至踝关节）。浸泡时间为20～30分钟。以热水足疗来刺激皮肤神经末梢感受器，通过中枢神经的反馈可起到调节内脏器官的功效，促进新陈代谢，有利于健康。晚上临睡眠前足疗养生收效最佳，足疗完毕最好在半小时内睡觉。

### （二）中药足疗

中药足疗是利用合适的中药配方熬成中药水来泡脚，其中的有效中药成分在热水的热力帮助下渗透进皮肤，被足部毛细血管吸收，进入人体血液循环系统，从而达到改善体质、调理身体、治疗疾病的效果。泡脚热水里面可以加点陈香，促进血液循环，缓解脚部问题。

### （三）足部按摩

足部按摩是运用中医原理，集检查治疗和保健为一体的无创伤自然疗法。足疗保健通过对双脚的经穴反射区施以手法按摩、刺激双脚反射区，从而调整脏腑虚实，达到透达筋骨、散风降温、理气和血，增强心脑血管机能，改善睡眠，消除疲劳，增强人体抵抗力。

## 三、足疗注意事项

（1）进行足疗时注意温度适中（最佳温度在 40～45℃），最好能让水温按足部适应程度逐步变热。

（2）做足疗保健的时间在 30～40 分钟为宜，只有保持规定的温度和时间，才能保证药物效力最大限度地发挥。

（3）饭前、饭后 30 分钟内不宜进行足疗。

（4）足疗所用外治药物，剂量较大，有些药物尚有毒性，故不宜入口。同时，足疗完毕后，应洗净患处，拭干。

（5）按摩后 30 分钟内须饮温开水（肾脏和心脏病患者可酌量少饮一些），以利于血液循环，有一定的排毒作用。

（6）在做足部按摩时不宜进食，这样会加重胃的负担，可能会造成恶心呕吐。

## 四、足疗的主要设备

### （一）足疗盆

足疗室的主要设备是足疗盆，多采用传统木质足疗盆。盆内加入热水，让双脚充分享受热水足疗，能够改善血液循环，加速血液流动，从而使身体的疲乏、酸痛等不适得以缓解或消除。

现代足疗器还有电动足疗盆，盆底有序的按摩头配合高频振动，不断刺激按摩脚底穴位，能够加强内分泌调节作用，增强机体免疫力。通过磁体形成的磁场作用于足部相应穴位，产生磁场生物效应。在磁场作用下，改善血液循环，增强机体抵抗力，加速新陈代谢，消除疲劳，达到修身养性的保健目的。

### （二）按摩床

按摩床的规格，一般长度为 200 厘米，宽度为 80 厘米。按摩师活动的面积通常按照单床区域面积的 150%～160% 设置，但最小不应少于 15 平方米。

## 任务二　足疗项目岗位职责及任职要求

康乐部足疗部设有足疗部领班、足疗技师、足疗部服务员等岗位，如图 4-1 所示。

模块四·项目二 足疗项目服务与管理

图 4-1 足疗部组织结构图

## 一、足疗部领班

足疗部领班的岗位职责及任职要求如表 4-4 所示。

表 4-4 足疗部领班任职要求与岗位职责

| 内容 | 细 则 |
| --- | --- |
| 上下级关系 | 直接上级：康乐部主管<br>直接下级：足疗部服务员、足疗技师 |
| 岗位概述 | 在康乐部主管的领导下，带领员工按照足疗岗位操作流程开展对客服务 |
| 任职资格 | 1. 学历要求：高中（含职高）及以上学历<br>2. 体貌要求：身体健康，五官端正<br>3. 外语水平：具有基础的英语沟通能力<br>4. 培训记录：参加过酒店员工管理晋升培训及足浴岗位技能培训<br>5. 工作经验：从事足疗工作 2 年以上，熟练掌握足疗各项技术<br>6. 基本素质：具备相当的培训能力，负责新技师的培训工作；具备一定的管理能力，工作中能起带头作用；有敬业精神，热爱本职工作 |
| 岗位职责 | 1. 协助主管做好本部门日常管理工作<br>2. 了解部门运作，主管休假时行使主管权责，安排各项服务工作并负责迎宾及安排包房<br>3. 监督技师上钟时各项服务是否有违规现象并及时指正，事后报告主管，根据具体情况给予相应处罚<br>4. 具备较高的足疗技术，定期给技师做培训<br>5. 了解部门各种足疗用品的使用和库存情况<br>6. 善于与员工沟通，了解员工心理并及时向上反馈员工意见，降低员工离职率<br>7. 善于跟顾客沟通，听取顾客意见及建议并反馈上报，以便公司对经营方针和经营策略作相应调整<br>8. 督促部门卫生检查工作<br>9. 督促并检查本部门节能工作<br>10. 督促并检查本部门设施设备完好情况，如有异常及时保修和提出更新添置意见<br>11. 跟相关部门沟通，为客人提供优质服务 |

## 二、足疗部技师

足疗部技师是专业技术人员，需进行专业培训，其任职资格和岗位职责要求如

表 4-5 所示。

表 4-5 足疗部技师任职资格和岗位职责

| 内容 | 细则 |
| --- | --- |
| 上下级关系 | 直接上级：足疗部领班<br>直接下级：无 |
| 岗位概述 | 在康乐部足疗部领班的领导下，按照足疗部岗位操作流程开展对客服务 |
| 任职资格 | 1. 学历要求：高中（含职业高中）及以上学历<br>2. 体貌要求：身体健康，五官端正<br>3. 外语水平：具有基础的英语沟通能力<br>4. 培训记录：参加过酒店员工管理晋升培训及足浴岗位技能培训<br>5. 工作经验：从事足疗工作 2 年以上，熟练掌握足疗各项技术<br>6. 基本素质：热爱本职工作，具备服务意识，具备一定沟通能力，善于跟客人沟通；具备学习能力，能不断改进提升自我；具备较强的组织纪律性 |
| 岗位职责 | 1. 爱好本职工作，乐于从事服务行业<br>2. 熟知身体重要穴位、足底穴位，熟悉各穴位的按摩技巧<br>3. 熟练掌握人体各部位的按摩手法，能为客人做简单的理疗和放松<br>4. 严格按足疗技师标准工作程序为所有客人提供服务，在服务过程中不得私自减少服务项目，或随意缩短服务时间<br>5. 技师必须了解各种价位药品名称及使用方法<br>6. 尽量推荐高端服务，但不能因为客人选择低价位而产生歧视心理，影响对客服务态度<br>7. 注重服务细节，随时了解顾客需求并尽力满足<br>8. 具备学习精神并勇于创新，使自己的技术得以不断完善，以便更好地服务客人，也为自己提供更广阔的发展空间<br>9. 善于跟客人沟通，与客人交流语言得体，不卑不亢，以自己的技术赢得客人的信任<br>10. 每天按领班要求完成部门内卫生工作，为顾客提供舒适的休闲环境<br>11. 爱护部门财产，服务中发现设备故障须及时报修，以免造成更严重的损失<br>12. 注意部门节能工作，客人离开后须立即关闭空调，平时注意部门灯光的控管及节约用水，避免造成能源浪费<br>13. 妥善处理同事间关系，技师按规定轮排，若有疑问按领班要求先行服务，下钟后再作调整 |

## 三、足疗部服务员

足疗部服务员的任职资格和岗位职责要求如表 4-6 所示。

表 4-6 足疗部服务员任职资格和岗位职责

| 内容 | 细则 |
| --- | --- |
| 上下级关系 | 直接上级：足疗部领班<br>直接下级：无 |

(续表)

| 内容 | 细则 |
|---|---|
| 岗位概述 | 在康乐部足疗部领班的领导下，按照足疗服务流程和规范，为宾客提供足疗服务 |
| 任职资格 | 1. 学历要求：高中（中专）及以上学历<br>2. 体貌要求：身体健康，五官端正<br>3. 外语水平：具有基础的英语沟通能力<br>4. 培训记录：参加过酒店新员工入职培训及足疗岗位技能培训<br>5. 工作经验：有1年以上康乐工作经验，或相关专业院校毕业<br>6. 基本素质：具备一定的服务意识，并愿意从事服务工作；具备一定的处理问题能力，善于与人沟通；具有较强的组织纪律性 |
| 岗位职责 | 1. 热衷于本职工作，对足疗及服务业感兴趣<br>2. 对足疗文化、各种足疗药水及足疗知识有一定了解，并能在工作中不断充实自己，提高自己的业务水平<br>3. 服从领班及部门管理，切实完成部门交办的工作及各项工作指标<br>4. 耐心接待每一位顾客，举止优雅大方，服务热情专业<br>5. 在营业区域遇到每一位客人都要热情招呼，遇到客人有任何合理要求都必须尽力解决，必要时请示上司<br>6. 做好当班的卫生工作，为客人提供优雅的休闲环境<br>7. 熟知部门各种茶品及其他物品的摆放位置、功能、价格等，避免服务中造成困扰<br>8. 随时保持客人桌面的整洁，有废弃物应及时清理，保持包房洁净<br>9. 送单及时，确保结账快速、准确，如有挂账或签单必须要确认清楚，如有不明白可立即向上级请示，以免造成损失或结账延误<br>10. 善于解决客人投诉并听取客人的意见、建议并及时反馈，以便部门工作的改进及服务提升，提高客人的满意度<br>11. 做好客人迎送工作 |

## 任务三　足疗项目服务流程与规范

足疗服务流程与规范具体要求如表4-7所示。

表4-7　足疗部服务流程与服务规范

| 服务流程 | 服务规范 |
|---|---|
| 岗前准备 | 1. 服务员按时上岗<br>2. 检查物品的配备，卫生是否达标，物品是否安全有效 |
| 迎宾服务 | 向走向足疗区域的客人问好，引领其进入包房 |
| 足疗服务 | 1. 服务项目介绍。服务员按照客人的要求准确熟练、详细地介绍服务项目的种类、特点、价格等情况，以方便客人进行选择<br>2. 服务员询问客人是否需要茶水或饮料，将电视机打开 |

(续表)

| 服务流程 | 服务规范 |
| --- | --- |
| 足疗服务 | 3. 足疗师拨打报钟电话及时报钟<br>4. 足疗师按照规范的标准程序为客人提供足疗服务，在足疗过程中及时询问力度大小是否合适，随时注意观察客人的反应<br>5. 足疗时间结束后，足疗师主动询问客人是否需要加钟或做其他项目<br>6. 足疗师征询客人意见，对客人的光临表示感谢<br>7. 服务员引领客人到吧台处结账。如客人去做其他项目，应将客人的消费情况交接给服务台及下个项目的服务员 |
| 送客与整理服务 | 1. 服务员礼貌送别客人<br>2. 服务员送客后进行卫生清理，并做好接待新顾客的准备<br>3. 足疗师填写足疗师账本，并请吧台人员签字确认 |

## 任务四　足疗服务与管理技能训练

### 实训目标

通过酒店实地考察，使学生学会足疗项目服务的相关技能。

### 实训内容

走访校企合作的高星级酒店康乐部，了解足疗岗位设置及各岗位服务人员的岗位职责，观摩各岗位的对客服务情况。

### 实训步骤

第一步：教师下达实训任务书，并作讲解说明。

第二步：将班级分成4~5个小组，每组4~5人，每组根据"足疗服务项目技能实训任务书"内容，选择3~4个问题，实地考察酒店康乐部足疗室服务项目，通过现场观察，参与实践，访谈专业人员，查找资料，分析讨论，形成问题答案。

第三步：各小组在班级分享调查结果。

第四步：教师归纳分析，总结成果。

### 实训成果

提交实训报告。

## 足疗服务项目技能实训任务书

组名：_____　　组员姓名：_____　　日期：_____

1. 制订一份足疗部营收计划。
2. 足疗部新员工需要掌握哪些技能？
3. 制订一份足疗部新员工服务技能培训计划。
4. 制订部门员工月度排班表。
5. 组织召开班前会及部门例会。
6. 怎样对足疗服务各岗位的员工进行有效管理？
7. 怎样针对不同客人做好足疗推销服务？
8. 如何规范地为客人提供足疗服务？
9. 足疗服务需注意哪些关键问题？
10. 总结足疗服务程序。
11. 如何管理足疗部的卫生？
12. 如何对足疗部服务员进行绩效考核？

### 案例分析

**足疗技师迟到**

马先生入住了开元某酒店。他看到酒店设有足疗保健中心，于是就想到足疗保健中心做足疗，放松一下身心。服务人员为他安排了一位足疗师，但是这位足疗技师却比原订的时间晚了15分钟才来。马先生很生气，因为足疗是按时间收费的。于是马先生就向足疗保健中心的主管进行投诉。

### 思考并回答

1. 如果你是保健按摩中心的主管，你该如何处理该投诉？
2. 在进行足疗服务时，如何避免此类事情的发生？

## 任务评价表

组名：_____  组员姓名：_____  日期：_____

| 学习目标 | 评价内容 | 自评 优 | 自评 良 | 自评 中 | 组评 优 | 组评 良 | 组评 中 | 师评 优 | 师评 良 | 师评 中 |
|---|---|---|---|---|---|---|---|---|---|---|
| 知识目标 | 掌握足疗保健的服务知识 | | | | | | | | | |
| | 熟悉足疗的服务流程 | | | | | | | | | |
| | 熟悉足疗的服务规范 | | | | | | | | | |
| | 熟悉足疗各岗位的工作职责及任职资格 | | | | | | | | | |
| 能力目标 | 能够掌握足疗部的设备使用方法 | | | | | | | | | |
| | 能够为客人提供规范的足疗服务 | | | | | | | | | |
| | 能够处理足疗服务中遇到的常见问题 | | | | | | | | | |
| | 能够讲述足疗部各岗位的职责要求 | | | | | | | | | |
| 素养目标 | 具有团队协作、全员推销的意识 | | | | | | | | | |
| | 具有主动热情、细致周到的服务意识 | | | | | | | | | |
| | 具有踏实勤快、认真负责的工作态度 | | | | | | | | | |
| | 具有养生保健与快乐工作的意识 | | | | | | | | | |
| 任务单 | 内容完整正确 | | | | | | | | | |
| | 书写规范清楚 | | | | | | | | | |
| | 思路清晰、层次分明 | | | | | | | | | |
| 小组合作 | 小组工作氛围融洽 | | | | | | | | | |
| | 成员相互配合密切 | | | | | | | | | |
| | 小组全员参与 | | | | | | | | | |
| 整体评价 | 优秀：☐　　良好：☐　　达标：☐ | | | | | | | | | |
| 教师建议 | | | | | | | | | | |

# 项目三 保健按摩项目服务与管理

线上学习资料

保健按摩作为被动参与型保健项目，深受人们喜爱。当人们身体的某些部位有所不适时，就会用手掌或手指直接揉、压、捏，以此来减轻症状，达到止痛、解乏的作用。

保健按摩又称推拿，在东亚许多地方，被当作一种医疗手段，随着医学科技的进步，保健按摩渐渐变成了一种辅助治疗和保健的手段，在人们工作之余，去按摩中心享受专业的保健按摩服务，不但可以预防疾病的发生，而且还可以消除疲劳、放松身心，是一种享乐活动。

### 知识目标

1. 掌握保健按摩服务的知识
2. 熟悉保健按摩的服务流程
3. 熟悉保健按摩的服务规范
4. 熟悉保健按摩各岗位的工作职责及任职资格

### 能力目标

1. 能够掌握保健按摩部的设备使用方法
2. 能够为客人提供规范的保健按摩服务
3. 能够处理保健按摩服务中遇到的常见问题
4. 能够讲述保健按摩部各岗位的职责要求

### 素养目标

1. 具有班组协作的团队意识
2. 具有细致周到的服务意识
3. 具有踏实勤快的工作态度
4. 具有快乐工作的职业意识

### 实训项目

请为高尔夫运动爱好者设计适合其需求的保健按摩方案。

> **项目目标**
>
> 将学生分成若干组，每组独立完成训练方案，各组介绍方案后进行交流与讨论。训练方案包括精油的使用、重点按摩的部位、按摩方法、按摩时间等，并阐明原因。

# 任务一　保　健　按　摩

## 一、保健按摩简介

保健按摩源于中国，是中国传统医学（中医学）的重要组成部分，在中医学里又称"推拿"，是指由专业按摩人员运用推、拿、揉、按、滚、摩、摇、板、牵、振、拨、抢、弹、挤等特定手法或设备器械对客人身体的某些部位或经络进行按摩，以提高和改善人体生理机能，达到促进血液循环、通畅经络、防治疾病和消除疲劳功效的一种方法。保健按摩在我国有着悠久的历史。

保健按摩的手法颇多，动作轻柔、运用灵活、便于操作，适用范围甚广，不论男女老幼、体质强弱、有无病症，均可采用不同的手法进行保健按摩。常用的手法有推法、揉法、按法、拍击法、捏法、抖法等。

## 二、按摩分类

### （一）中医按摩

中医保健按摩是酒店按摩室最常见的服务项目，强调中医的保健功能。按摩师用两手在人体的经络穴位上，施行各种温、通、补、泻、汗、散、清等手法刺激渗透，达到调整心、肝、脾、肺、肾、胆、胃、大肠、小肠、膀胱等的作用。其动作较慢且深沉，有益于放松肌肉，增加血红蛋白含量，加快静脉回流，促进淋巴循环。在精神方面，能够消除紧张和焦虑，有助于强化身体，达到放松、健身的目的。

### (二)港式保健按摩

港式保健按摩主要是针对人体全身的穴位进行指压按摩,范围包括头、颈、肩、胸、背、腰、腹、足等多处。穴道是人体脏腑经络气血输注于体表的部位,通过对经络穴位的按压,达到平衡机体能量及增进健康的目的。当经络失去平衡时,精气可能不足或过剩,进行经穴按摩,起到缓和调节机能的作用,使精气重新平衡,身体可自行康复。港式保健按摩主要包括指压法、踩背法和推油法。

### (三)泰式保健按摩

泰式保健按摩采纳了人体经络的理论,认为经络通则气血通,气血通则通体舒泰。它的按摩部位以全身的关节为主,手法简练而实用。泰式按摩是跪式服务,左右手交替动作,用力均匀、柔和,依顺序进行,可以使人快速消除疲劳、恢复体能,还可增强关节韧带的弹性和活力,达到促进体液循环、保健防病、减重美容的功效。

### (四)日式保健按摩

日式保健按摩的基本特点是指压。它是以肢体或手指作为支撑,利用自身的体重,向肢体的中心部位垂直施力,从而可促进人体皮肤新陈代谢,增加皮肤弹性,减少皮肤皱纹;加速人体淋巴液回流,提高人体免疫力;促进肌肉收缩和伸展,缓解疼痛,消除人体疲劳;改善人体血液循环,降低血液黏稠度,预防和减缓血管硬化等。

### (五)韩式保健按摩

韩式保健按摩又称韩式松骨,它汲取了中式、泰式、日式、港式等的按摩精华,以推拿为主,提、拉为辅。对人体施以沉缓的力度、温柔的语言、动作,及独特的脸部护理、跪背、扣耳、修甲等全套两小时的服务,使客人全身心放松。

## 三、保健按摩的常用手法

### (一)推法

推法适用于按摩的开始、结束以及交替其他手法时。要求用指或掌等部位着力于被按摩的部位上,进行单方向的直线推动。轻推法具有镇静止痛、缓和不适感等作用;

重推法具有疏通经络、理筋整复、活血散瘀、缓解痉挛、加速淋巴静脉回流等作用。

### （二）揉法

揉法适用于关节、腰背、肌腱和肌肉肥厚的部位。要求用手掌、掌根、拇指或四指指腹等部位着力于皮肤上，作圆形或螺旋形的揉动。揉法具有加速血液循环、改善局部组织的新陈代谢、活血散瘀、缓解痉挛和减轻疼痛等作用。

### （三）按法

按法适用于关节、腰背部、肩部及四肢肌肉僵硬处。要求指、掌、肘或肢体的其他部分着力，由轻到重地逐渐用力按压在被按摩的部位或穴位上，停留一段时间后再由重到轻地缓缓放松。按法具有舒筋活络、放松肌肉、消除疲劳、活血止痛和整形复位等作用。

### （四）拍击法

拍击法适用于肩背、腰臀及四肢等肌肉肥厚处。要求拍打时，两手半握拳或五指并拢，拇指伸直，其余四指的掌指关节屈曲成空心掌，掌心向下。拍击法具有促进血液循环、舒展肌筋、消除疲劳和调节神经肌肉兴奋性的作用。

### （五）揉捏法

揉捏法适用于各肌肉部位，常与揉法交替使用。拇指外展，其余四指并拢，手成钳形，将全掌及各指紧贴于皮肤上，做环形旋转的揉捏动作，边揉边捏边做螺旋形的（向心方向）推进。揉捏法具有促进局部组织的血液循环和新陈代谢、增加肌力、缓解肌肉痉挛、消除肌肉疲劳和活血散瘀等作用。

### （六）抖法

抖法适用于肌肉肥厚的部位和四肢关节。要求用双手或单手握住肢体远端，微用力做连续小幅度的上下快速抖动。抖法具有舒筋通络、放松肌肉、润滑关节的作用。

## 四、保健按摩器械

按摩器械是运用中医按摩原理来运作，在机械震动作用下，通过经络、气血、神经的传导和反射,达到平衡阴阳、疏通气血、解除肌肉僵硬酸痛的目的,有一定的预防和治疗保健作用。器械按摩是按摩的进一步发展,按摩机器种类繁多,包括身体机能调理运动器、电动按摩椅、热能震荡按摩器及水疗按摩床等。

### (一)身体机能调理运动器

这种运动器是一张铺有软垫的床,而床的某些部位可以高低、左右或上下摆动,可以对身体各部位,如脚部、大腿、臀部及全身肌肉进行按摩,使人全身放松。

### (二)电动按摩椅

电动按摩椅的外观与一般皮椅十分相似,只是在椅面内装了各种电动装置,可以对人体的各部位进行推、捏、溜、转等各种动作的按摩。这种按摩椅还可以用电脑设定按摩程序,并可在液晶显示屏上指示操作部位。

### (三)热能震荡按摩器

热能震荡按摩器是一种比较先进的电动按摩器械,是将按摩与桑拿相结合的一种

按摩方法。这种设备不仅可以按摩,还可以发热,散发蒸汽和香味,使客人在按摩的同时,享受桑拿或局部受热,以得到背部肌肉的镇痛治疗。温度和时间的控制也都可以在控制板上调节。热能治疗法由25℃开始慢慢提升到70℃左右,人的身体和皮肤较容易适应。特别是器械上附带的音乐播放器和电波眼镜的享乐式设计受到了许多消费者的欢迎。

### (四)水疗按摩床

水疗按摩床通过水循环进行加热,经由高度弹性矽胶床面,将顾客与水力按摩分隔。使用者不需宽衣即可享受各部位舒适的干式水疗护理。使用了结合水疗、热疗、按摩功能的水疗按摩床后,神经、静脉、动脉及各毛细管能达到最佳的维系状态,可降低紧张、肌肉酸痛、关节僵硬、疼痛和减重瘦身等,有效舒缓各种慢性疼痛、肿胀与压力,同时修饰体态曲线。

# 任务二 保健按摩项目岗位职责及任职要求

## 一、保健按摩部领班

保健按摩是技术性较强的工作，需要经过专业培训，其领班的岗位职责与任职要求如表4-8所示。

表4-8 保健按摩部领班任职资格与岗位职责

| 内容 | 细则 |
|---|---|
| 上下级关系 | 直接上级：康乐部主管<br>直接下级：保健按摩部服务员 |
| 岗位概述 | 在康乐部主管的领导下，带领员工按照保健按摩部岗位操作流程开展对客服务 |
| 任职资格 | 1. 学历要求：大专及以上学历<br>2. 体貌要求：身体健康，五官端正<br>3. 外语水平：具有基础的英语沟通能力<br>4. 培训记录：参加过酒店新员工入职培训及保健按摩岗位技能培训<br>5. 工作经验：具备2年以上相关工作经历，有丰富的按摩管理经验<br>6. 基本素质：热爱本职工作，有敬业精神；具备相当管理经验和沟通能力 |
| 岗位职责 | 1. 对保健按摩部所辖区域内的活动项目进行全面管理<br>2. 制定员工管理、物品管理、布件管理、酒水管理的各项规章制度，每月写一份工作计划，每周进行工作小结<br>3. 掌握各营业点状况，根据各场所客源量及时调配人力<br>4. 检查按摩房里的设备和水质情况，水温须用手试状态，以保持一切正常<br>5. 每日营业前、后应检查按摩室、休息区、更衣室、淋浴室与卫生间的清洁卫生<br>6. 检查各分部场所的设施、设备的维修保养状况。如有需要维修的项目，应立即上报<br>7. 负责安排各业务班组的工作<br>8. 对下属的考勤进行统计，根据员工表现，进行表扬或批评、奖励或处罚<br>9. 负责组织、策划大型活动，协调各班组的工作<br>10. 负责监控营业班组服务流程的动态，确保其规范、标准<br>11. 及时向上级汇报工作 |

保健按摩部设有保健按摩部领班、保健按摩技师、保健按摩部服务员等岗位，如图4-2所示。

图 4-2　保健按摩部组织结构图

## 二、保健按摩技师

保健按摩技师属于专业技术人员，需要经过长时间的专业技能培训，才能掌握按摩技术，其任职资格和岗位职责要求，如表 4-9 所示。

表 4-9　保健部技师任职资格和岗位职责

| 内容 | 细则 |
|---|---|
| 上下级关系 | 直接上级：保健按摩部领班<br>直接下级：无 |
| 岗位概述 | 在康乐部保健按摩部领班的领导下，按照保健按摩部岗位操作技能的流程开展对客服务 |
| 任职要求 | 1. 学历要求：大专及以上学历<br>2. 体貌要求：身体健康，五官端正<br>3. 外语水平：具有基础的英语沟通能力<br>4. 培训记录：参加过酒店新员工入职培训及部门保健按摩岗位技能培训<br>5. 工作经验：具备 2 年以上相关工作经历，有丰富的按摩经验<br>6. 基本素质：热爱本职工作，有敬业精神，具有对客服务意识和沟通能力；具有一定的学习能力，有较强的组织纪律观念。 |
| 岗位职责 | 1. 负责按摩室营业前各项物品的准备工作<br>2. 检查按摩室营业前设场地及施设备的卫生情况<br>3. 负责按摩室的接待服务工作，根据工作安排，将客人引领至按摩室。<br>4. 能够及时整理客人使用过的房间或床位，更换客用物品。<br>5. 负责维护按摩室场地的清洁卫生。<br>6. 有一定的英语会话能力，具有良好的人际协调能力，善于与客人沟通。<br>7. 能够根据按摩室服务工作规范和流程，为客人提供优质的接待服务。<br>8. 能够维护和保养按摩室器械设备，保持正常使用。<br>9. 做好每日营业记录，每周进行工作小结<br>10. 及时向上级请示汇报相关工作 |

## 三、保健按摩部服务员

保健按摩部服务人员需要经过专业培训，其岗位职责与任职要求如表 4-10 所示。

表 4-10 保健按摩部服务员任职资格与岗位职责

| 内容 | 细　则 |
|---|---|
| 上下级关系 | 直接上级：保健按摩部领班<br>直接下级：无 |
| 岗位概述 | 在康乐中心保健按摩部领班的领导下，按照服务流程和规范，为宾客提供保健按摩服务 |
| 任职资格 | 1. 学历要求：高中（中专）及以上学历<br>2. 体貌要求：身体健康，五官端正<br>3. 外语水平：具有基础的英语沟通能力<br>4. 培训记录：参加过酒店新员工入职培训及保健按摩岗位技能培训<br>5. 工作经验：有 1 年以上康乐工作经验，或相关专业院校毕业<br>6. 基本素质：能够熟练为客人讲解保健按摩种类及特点；具备一定的服务意识，并愿意从事服务工作；具有较好的人际关系处理能力，善于处理与客人之间的关系等；具备较强的组织纪律性 |
| 岗位职责 | 1. 负责保健按摩部营业区的卫生清洁保养工作<br>2. 负责保健按摩部的物品准备工作<br>3. 能够及时发现设施设备异常情况，并采取相应的应对措施<br>4. 注意观察客人的异常情况，发现问题应及时反馈汇报等<br>5. 接待客人前检查温度、冷热水池水质情况是否合适<br>6. 热情为客人提供按摩室内的整套服务<br>7. 负责按摩部停止服务后的卫生工作，清洁送洗客人用过的毛巾、浴衣等至洗衣房<br>8. 保持更衣室、桑拿房、卫生间的整洁，清洁地面的杂物、污迹，及时打扫卫生<br>9. 服从厅面服务员的工作安排，与按摩技师服务员合作<br>10. 勤巡查，提醒客人保管好私人物品，禁止儿童进入 |

## 任务三　保健按摩项目服务流程与规范

### 一、保健按摩服务流程

保健按摩服务流程与规范的具体要求，如表 4-11 所示。

表 4-11 保健按摩服务流程与服务规范

| 服务流程 | 服务规范 |
|---|---|
| 岗前准备 | 1. 检查工装整洁，仪容仪表符合规范，精神饱满<br>2. 检查物品配备和区间卫生是否达标 |
| 迎宾服务 | 1. 对走向保健按摩区域的客人问好<br>2. 按照标准姿势引领客人进入包房 |

(续表)

| 服务流程 | 服务规范 |
| --- | --- |
| 保健按摩服务 | 1. 介绍按摩室服务项目<br>2. 询问客人是否需要茶水或饮料<br>3. 在服务前必须洗净双手消毒，而且要保持双手的正常温度<br>4. 按正常的保健按摩手法为客人进行按摩<br>5. 注意观察客人的动态、表情、语言，并就按摩的力度、手法等与客人进行交流<br>6. 按摩过程中要注意与客人的沟通，并注意用语<br>　(1) 营造轻松气氛，尽量挑选客人可能感兴趣的话题与客人聊天<br>　(2) 要随时征询客人的建议，加重或减轻按摩力度<br>　(3) 通过按摩，将客人可能存在的疾病告知客人，并适度地向客人推销按摩室的项目服务<br>　(4) 按摩后要询问客人的感受，并诚恳地请客人多提宝贵意见<br>　(5) 及时询问客人是否需要加钟。如客人加钟，须与客人再次确认加钟服务项目与价格<br>7. 确认客人付款方式<br>8. 双手递结账单，并向客人道谢 |
| 送客与整理服务 | 1. 服务完毕后，主动感谢客人，面向客人，后退出房门外，轻轻关好门<br>2. 做好账目交接，填写技师小账本日期、服务项目、价格、房间号等内容，标明加钟、点钟，并请吧台人员签字确认；在技师上钟记录本上签字确认<br>3. 送别客人后整理，将物品放回原处或补充已用物品，清理小箱子内卫生 |

## 任务四　保健按摩服务与管理技能训练

### 实训目标

通过酒店实地考察，使学生学会保健按摩项目服务的相关技能。

### 实训内容

走访校企合作的高星级酒店康乐部，了解保健按摩岗位设置及各岗位服务人员的岗位职责，观摩各岗位的对客服务情况。

### 实训步骤

第一步：教师下达实训任务书，并作讲解说明。

第二步：将班级分成4～5个小组，每组4～5人，每组根据"保健按摩服务项目技能实训任务书"的内容，选择3～4个问题，实地考察酒店康乐部保健按摩室服务项目，通过现场观察，参与实践，访谈专业人员，查找资料，分析讨论，形成问题答案。

第三步：各小组在班级分享调查结果。

第四步：教师归纳分析，总结成果。

### 实训成果

提交实训报告。

---

**保健按摩服务项目技能实训任务书**

组名：_____     组员姓名：_____     日期：_____

1. 制订一份保健按摩部营收计划。
2. 保健按摩部新员工需要掌握哪些技能？
3. 制订一份保健按摩部新员工服务技能培训计划。
4. 怎样制订保健按摩部门员工排班表？
5. 组织召开班前会及部门例会。
6. 怎样对保健按摩部各岗位的员工进行有效管理？
7. 怎样针对不同客人做好保健按摩推销服务？
8. 如何规范地为客人提供保健按摩服务？
9. 保健按摩服务需注意哪些关键问题？
10. 总结保健按摩的服务程序。
11. 如何管理保健按摩部的清洁卫生？
12. 如何对保健按摩部服务员进行绩效考核？

---

### 案例分析

#### 婉拒客人按摩

开元某酒店按摩中心的李技师十分出名，许多客人来店消费时都点名要他服务，生意非常好，往往需要预约才可以享受到李技师的服务。这位技师是凭借什么技能征服了这么多顾客呢？通过认真观察李技师的服务过程，并实地调查了一些被服务的客人后，我们发现，该按摩技师的过人之处主要体现在以下几方面。

一是会根据每位客人的身体反应情况，与客人沟通，向其了解其最近的身体变化，给客人讲解需注意的一些健康事项和医学常识。

二是给客人们安排了有针对性的按摩治疗，使客人的疼痛得到了减轻。由于长年工作，许多老顾客的颈椎、腰椎、脊椎都有不同程度的因劳损导致的疼痛，该按摩师根据这一特点给客人提供差异化的服务，效果显著。

三是经常引经据典，培养客人对按摩和足疗的兴趣。他会给客人介绍古今中外名人对于按摩和足疗的看法，如苏东坡曾在诗中写道"主人劝我洗足眠，倒床不复闻钟鼓"。

上述方法深受客人喜爱，许多客人视该按摩技师的服务为顶级享受。在李技师的带动下，该中心很多技师也开始纷纷效仿他的做法，重视推拿按摩之外的功课，使客人享受到物超所值的服务。

### 思考并回答

1. 本案例中，李技师为什么能够长期吸引一批稳定的客人？
2. 在按摩保健服务中，客人最注重哪些方面的服务？
3. 你还有哪些好方法可以不断地吸引和发展客户群？

## 任务评价表

组名：_____  组员姓名：_____  日期：_____

| 学习目标 | 评价内容 | 自评 ||| 组评 ||| 师评 |||
|---|---|---|---|---|---|---|---|---|---|---|
| | | 优 | 良 | 中 | 优 | 良 | 中 | 优 | 良 | 中 |
| 知识目标 | 掌握保健按摩服务的知识 | | | | | | | | | |
| | 熟悉保健按摩的服务流程 | | | | | | | | | |
| | 熟悉保健按摩的服务规范 | | | | | | | | | |
| | 熟悉保健按摩各岗位的工作职责及任职资格 | | | | | | | | | |
| 能力目标 | 能够掌握保健按摩部的设备使用方法 | | | | | | | | | |
| | 能够为客人提供规范的保健按摩服务 | | | | | | | | | |
| | 能够处理保健按摩服务中遇到的常见问题 | | | | | | | | | |
| | 能够讲述保健按摩部各岗位的职责要求 | | | | | | | | | |
| 素养目标 | 具有班组协作的团队意识 | | | | | | | | | |
| | 具有细致周到的服务意识 | | | | | | | | | |
| | 具有踏实勤快的工作态度 | | | | | | | | | |
| | 具有快乐工作的职业意识 | | | | | | | | | |
| 任 务 单 | 内容完整正确 | | | | | | | | | |
| | 书写规范清楚 | | | | | | | | | |
| | 思路清晰、层次分明 | | | | | | | | | |
| 小组合作 | 小组工作氛围融洽 | | | | | | | | | |
| | 成员相互配合密切 | | | | | | | | | |
| | 小组全员参与 | | | | | | | | | |
| 整体评价 | 优秀：□　　良好：□　　达标：□ ||||||||||
| 教师建议 | ||||||||||

## 模块五

# 酒店康乐部管理

# 项目一
# 康乐部物资设备管理

线上学习资料

物资设备管理是康乐管理中的一项重要内容。酒店康乐部提供服务是以设施和设备为条件的。康乐设备一般由康乐部负责管理,设施由工程部负责管理。康乐设备的质量水平除了取决于采购环节外,还取决于保养、维修等管理环节。在康乐部经营中,完善的康乐设施、现代化的康乐器械、热忱而专业的服务成为吸引客人的法宝。康乐服务设施设备的质量直接影响康乐业务经营的业绩。

### 知识目标

1. 掌握康乐物资的分类
2. 熟悉康乐物资的作用
3. 熟悉康乐物资采购的程序
4. 熟悉康乐物资消耗的管理方法

### 能力目标

1. 能够分析康乐部设备的分类
2. 能够分析康乐部设备的作用
3. 能够分析康乐部设备的管理制度
4. 能够讲述康乐部设备管理的方法

### 素养目标

1. 具有分工合作的团队意识
2. 具有谦虚求教的学习态度
3. 具有节约成本的管理意识
4. 具有乐观开朗的职业心态

### 实训项目

设计班级同学分成若干小组,在组长带领下,参与合作酒店康乐部的各营业场所服务,学习酒店康乐部物资与设备管理方法,规范操作,具有成本管理意识。

### 项目目标

将班级学生分成若干小组,每组独立完成项目设计。每组成员用中/英文现场模拟演示本组设计的情景。

# 任务一 康乐部物资管理

## 一、康乐部的物资分类

酒店康乐部所需要的物资种类多、消耗大,为便于物资管理,需要对康乐部的各种物资用品加以分类。

(1)食品及原料。食品及原料主要包括水产品、干鲜果品、各种饮料、罐头制品、酒水类、调味品、食用油及食品原材料。

(2)供应用品。康乐部供应用品属于一次性消耗品,如卫生用品、化妆用品、文具用品等。

(3)生活用品。生活用品主要包括顾客进行康乐活动时需要的部件或棉纺织品、运动鞋、吹风机、衣架等,这类物品属多次消耗品。

(4)工具材料。工具材料包括康乐活动用具、清洁工具、五金工具、器材、办公用品等。

## 二、康乐部物资管理的作用

康乐部物资管理是指依据康乐部物资材料使用价值的效用发挥而进行的计划、采购、保养和使用等一系列组织和管理活动的总称。做好康乐部物资管理对酒店的经营管理有着密切关系,为康乐部的正常经营提供基本保障。

### (一)提升市场适应能力

根据康乐部的等级规格和接待能力,做好物资用品配备,保证康乐部的等级规格与市场环境相适应。康乐部在开业前需要根据其等级规格和接待能力,合理核定运营费用,既是康乐部物资用品管理的起点和重点任务,又是保证康乐部的服务质量、营业需要和客人消费需求的重要条件。

### (二)提供物品管理依据

康乐部所配备的物资用品,随着康乐业务的开展逐步被消耗,同时也获得价值补偿。消耗数量的多少直接影响服务质量和成本,因此,必须根据各部门的特点和各类物资用品的实际情况,制定消耗定额,为物品管理提供依据。

### (三) 保证业务开展需要

在开业初期,康乐部的物资用品大多是成套采购,其他物品数量一般会按需要进行配备。在业务展开过程中,物资用品计划都是根据业务需要编制补充采购的。做好康乐部物资用品保障管理,必须分类做好物品采购计划,在保障业务需要的前提下减少资金占用。

### (四) 有效控制成本费用

康乐部根据各业务部门经营需要,依据消耗情况定额发放物资用品,并做好原始记录和统计分析,控制物资用品和成本消耗。

### (五) 加快资金周转速度

康乐部需要通过一定数量的物资用品储备,保证经营活动顺利进行。合理制定储备定额,加强库房管理是物资管理的重要任务。根据各种物资用品的消耗数量和采购供应情况,制定储备数量,合理确定订货批量,完善各类物资出库和入库手续,既保证了经营活动的需要,又可以控制物品消耗,减少损失,加快酒店的资金周转。

## 三、康乐部的物资采购与消耗控制

### (一) 康乐部物资采购

采购管理是从下达采购计划、生成采购单、执行采购、到货接收、检验入库、采购发票收集、到结算的一系列采购活动的过程。对采购过程中的各环节需进行严密跟踪与监督,实现酒店采购活动的科学管理。

康乐部物资采购是按照既定的物资定额,在不同时段采购不同品种、不同数量的物资,以维持康乐企业的正常运转。

1. 采购管理的内容

通过精细采购达到保障供应,少占用资金,以最小的投入、最低的成本,获得最理想的物资质量,确立最有利的竞争地位。

2. 采购的基本程序

(1) 确定采购程序。康乐部物资采购程序一般包括以下几个环节,如图5-1所示。

```
┌─────────────────────────────────────────────────┐
│ 物资使用部门或者仓库管理人员根据酒店经营需要，填写物资请购单 │
└─────────────────────────────────────────────────┘
                          ↓
┌─────────────────────────────────────────────────┐
│ 仓库管理人员定期对各类物资的库存量进行核算，如库存降至规定的 │
│ 订货点，需向采购部门送请购单，申请订购相关物资              │
└─────────────────────────────────────────────────┘
                          ↓
┌─────────────────────────────────────────────────┐
│ 采购经理需通盘考虑，对采购申请给予批准或部分批准            │
└─────────────────────────────────────────────────┘
                          ↓
┌─────────────────────────────────────────────────┐
│ 采购部门根据已审核的采购申请向供应商订货，并给验收和财务部门 │
│ 各送一份订货单，以便收货和付款                           │
└─────────────────────────────────────────────────┘
                          ↓
┌─────────────────────────────────────────────────┐
│ 供应商向仓库发送所需物资，并附上物资发货单                 │
└─────────────────────────────────────────────────┘
                          ↓
┌─────────────────────────────────────────────────┐
│ 仓库经检验，将合格的物资送到仓库，并将相关的票据转至采购部   │
└─────────────────────────────────────────────────┘
                          ↓
┌─────────────────────────────────────────────────┐
│ 采购部将原始票据送到财务部，由财务部向供应商付款            │
└─────────────────────────────────────────────────┘
                          ↓
┌─────────────────────────────────────────────────┐
│                    完成采购                      │
└─────────────────────────────────────────────────┘
```

图 5-1　康乐部物资采购流程

（2）选择采购方式。常见的采购方式主要有 4 种。

市场直接采购是指采购人员根据批准的采购计划或请购单要求直接与供货商接洽，采购所需物资。

预先订货是指酒店采购部根据康乐部采购计划或请购单的要求，选定供货商并与其签订供货合同，使之在规定的时间内将所预订的品种、规格和数量的物资送到康乐部指定地点的采购形式。

一次采购法是指酒店采购部选择一家实力雄厚，品种齐全的供货商，以批发价订购酒店所需全年物资的采购方式。一次订货，分期到货。

集中采购是康乐企业集团常用的一种采购方法，被世界上许多酒店企业所采用，它是指两家以上饭店联合成立物资采购中心，统一为各康乐部采购经营和所需的物资，统一验收后分送到各酒店康乐部。

（3）加强采购凭证管理。设专人保管各类凭证，包括供货者的交货通知单、发票、运单、费用单据、订货合同、请购单、订货单等各类凭证，用于管理采购过程中出现的质量、索赔等问题，所有凭证装订成册并归档，便于酒店康乐部管理与运营的制度化。

### (二) 康乐部物资消耗控制

康乐部日常为客人提供的物资用品种类繁多、数量较大，管理不善容易造成浪费，增加成本，污染环境。因此，康乐部需加强客用品的管理，在保证服务质量的基础上满足客人实际需求，控制客用物品的消耗，降低成本，减少环境污染。

#### 1. 物资消耗控制的原则

康乐部物资消耗管理工作须遵循以下原则。

（1）遵守国家的法律法规。康乐部的成本高低不仅影响企业的利润，还会影响国家税收。康乐部在成本管理过程中必须遵守国家的有关税收规定，不该计入成本支出的不得计入成本，例如，不得将各种赔偿金、罚款及捐赠支出等计入成本。

（2）保证服务质量的原则。物资消耗控制必须以企业应有的服务等级规格服务要求为依据。降低成本要在保证质量的前提下挖掘内部潜力，力求节约，减少浪费，而不是为了降低成本而采用劣质物品以次充好或克扣客人。

（3）全员分级归口管理。成本的发生是一个逐步产生的过程，涉及康乐部门所有人员。成本管理须落实到全体成员，实行部门、班组、个人三级管理，分级归口，指标层层分解，考核分层进行，将成本管理的责、权、利与每一名员工联系起来，使成本管理真正行之有效。

#### 2. 物资消耗控制的方法

（1）控制消耗定额。依据各部门业务量制定物资消耗定额，实行计划管理。在控制客用物资时，做到内外有别。即客人使用的物资要严格按有关标准配备，保证供应，及时更新。员工使用的物品要厉行节约，精打细算，在保证对客服务质量的前提下尽量节省。

（2）制定客用标准。客用物资配备标准主要包括康乐部客用物品和库房客用物资的配备标准。合理的配备标准既能满足对客服务的需要，又不过多占用流动资金，还能避免不必要的损耗。

（3）加强日常管理。日常管理是康乐客用物资消耗控制工作中最重要的一个环节，要做到专人负责领发与保管。建立物资管理制度，在客用物资的保管、领发、使用和消耗等方面加以规范，并根据制度实施管理。

#### 3. 实现物资科学管理

康乐物资管理不是单纯的物资贮存、保管、领发，还包括预算、物资报损等一系列工作。在部门建立科学合理的物资管理制度，有利于康乐管理人员的高效工作与酒店运营。

应建立物资档案制度。将整个康乐物资的流向进行清晰展示，各点所使用物资的品种数量、规格等做到有案可查（如表5-1），各点的使用情况应配备的数量以及库存做到一目了然（如表5-2），为管理的实施打好基础。实行科学的物资管理程序和报损登记制度（如表5-3），制定全年预算及有关分析数据报告。

表5-1 康乐物资登记表

| 编号 | 名称 | 厂家 | 规格 | 单价 | 供货周期 | 最低库存量 | 备注 |
|---|---|---|---|---|---|---|---|
|  |  |  |  |  |  |  |  |
|  |  |  |  |  |  |  |  |
|  |  |  |  |  |  |  |  |

表5-2 物资配备表

| 编号 | 名称 | 规格 | 配备数量 | 每月数量 | | | | | | | | | | | |
|---|---|---|---|---|---|---|---|---|---|---|---|---|---|---|---|
|  |  |  |  | 1月 | 2月 | 3月 | 4月 | 5月 | 6月 | 7月 | 8月 | 9月 | 10月 | 11月 | 12月 |
|  |  |  |  |  |  |  |  |  |  |  |  |  |  |  |  |
|  |  |  |  |  |  |  |  |  |  |  |  |  |  |  |  |
|  |  |  |  |  |  |  |  |  |  |  |  |  |  |  |  |

表5-3 物资损耗表

| 编号 | 名称 | 规格 | 单价 | 实配数 | 清点数 | 损耗数 | 金额 | 备注 |
|---|---|---|---|---|---|---|---|---|
|  |  |  |  |  |  |  |  |  |
|  |  |  |  |  |  |  |  |  |
|  |  |  |  |  |  |  |  |  |

# 任务二　康乐部设备管理

## 一、康乐设备分类

### （一）康乐基础设备

康乐基础设备包括机械设备系统和电气设备系统，如输配电系统、上下水系统、空调系统、冷冻系统、通风系统、电子计算机系统、消防系统、音像系统、电话、传真、

通信系统、电梯、自动扶梯及升降机、各类清扫清洗设备等。

### （二）康体健身设备

健身器材包括踏步机、跑步机、划船器、综合多功能力量训练器；游泳池池水循环系统包括循环泵、过滤罐、池底吸尘器等；球类包括室内模拟高尔夫球场设备、电脑主机、高清投影机、全方位红外线追踪系统以及壁球、网球、台球等设备。

### （三）保健养生设备

保健养生设备包括桑拿干蒸或湿蒸房系统、蒸汽炉、全自动恒温器、按摩浴池循环系统、自动过滤砂缸、水泵连/隔发器、全自动池水消毒器、空气泵、加热及制冷系统、热水发生器或水冷制冷机组件、按摩喷射龙头、池底灯连低压变压器等。此外，还包括焗油机、吹风机、电剪、电动转椅、蒸汽机、高频率仪、蜡疗机、美容仪等。

### （四）休闲娱乐设备

休闲娱乐设备包括卡拉OK、舞厅音响、音像、灯光系统、调音台、棋牌室自动洗牌机、形式各样的灯具等。

除此之外，接待服务时的服务车、行李车、电冰箱、果汁机、制冰机、吸尘器、电脑管理系统及办公设备等，均属于设备管理的范畴。

## 二、康乐设备管理的作用

### （一）提升康乐服务质量

康乐部是以出售设备使用权和服务劳务为主要经营方式的部门。康乐设备是员工为客人提供服务产品的物质条件，是康乐服务质量赖以建立和提高的物质基础。没有完好的设备，康乐服务就无法正常提供，设备的完好程度对康乐服务质量会产生重大影响。

### （二）增强酒店盈利能力

康乐部优良的设备是酒店盈利能力的保障。一方面，康乐项目的收费标准，是建立在相应的设备和劳务之上的。只有提供完好的设备和令人满意的服务，才能保持较高的收费水平，在增加收入方面促进酒店经济效益的增长；另一方面，设备维修费用是酒店的一项重要支出。做好设备管理工作，可以节约设备维修费用支出、降低营业

成本、增加利润，在减少支出方面促进酒店经济效益的增长。

### （三）确保客人的安全

康乐部要正常营业，必须保证客人的安全。康乐部的安全设备如监控视频、消防设施、防盗系统等运行质量都需绝对可靠，保持正常工作状态。

## 三、康乐设备管理的制度

### （一）建立设备管理制度

康乐部应建立设备管理制度，确保各项工作按照制度有序进行。设备管理制度包括设备选择、检查验收、维护保养、维修管理、事故分析与处理、档案管理等制度。

### （二）分类登记，归口保管

康乐部设备管理的原则是所有设备都由工程部统一归口管理，不同用途、性质的设备由分管部门及班组专职管理。比如，卡拉 OK、DJ 房的音像、灯光设备由歌舞厅管理，健身设备由健身房负责管理。

### （三）坚持日常维护和保养

为保证设备处于良好状态，各专职工作人员应合理使用、定期保养设备，如发现故障必须及时排除，努力掌握设备的运行规律。坚持"三好"，即管好、用好、修好。达到"四会"，即会使用、会保养、会检查、会排除故障。

## 四、康乐设备管理的基本方法

### （一）建立设备管理档案

康乐部设备管理档案，指设备从规划、设计、购置、安装、调试、使用、维修、改造、更新直至报废等全过程活动，由此形成并整理应归档保存的图纸、图表、文字说明、照片、音像等资料，它是酒店康乐部技术档案的重要组成部分。

#### 1. 管理范畴

对单台设备价值超过一定金额的重点设备应单独建立档案，价值较小的设备原则上不建立档案，归入一般固定资产登记的范畴。有些设备虽然价值金额不大，但因为是关键设备或者是主要设备的重要辅件，或者是批量大的设备，也应归入档案管理范畴。

### 2. 分类编号

为了方便对设备的统计和管理，对建档的所有设备都要进行编号，原则上一台设备一个编号。康乐设备一般采用三级编码制进行编号。第一个号码表示设备种类；第二个号码表示设备使用部门；第三个号码表示设备编号。例如，健身房跑步机的编号为"P0104"。其中，"P"表示跑步机；"01"表示康乐部；"04"表示这台跑步机的序号。有些设备的分类可能更多，以此类推进行分类管理。

### 3. 档案资料

建档设备范围内的所有设备都必须有档案记录，主要内容涵盖设备的品种、名称、规格、价值、数量、生产厂家、购买日期、使用部门、技术数据、合格证、使用说明书、批准文件等。

### 4. 档案管理

酒店设备档案应有专人进行管理，负责收集资料、造册填写、整理归档，妥善保存，为管好、用好设备提供基础依据。如有设备的文件缺失应及时补充，对一些重要的技术资料档案，为防止遗失，除保留原件外，还需及时备份。

## （二）制定设备使用操作规程

设备管理除分类分片包干，落实到班组和个人之外，每台设备还应有详细的使用方法、操作规程，便于培训人员正确使用。同时，需制定不同设备的维修保养规程，订立保养制度。一般是由康乐部负责日常养护、一级保养和小修；工程部负责二级保养、中修和大修；财务部负责检查使用效果、执行岗位经济责任制。

### 1. 设备使用规程

设备使用规程是对操作人员使用设备的有关要求和规定。操作员必须经过设备使用培训，对该设备做到"四会"，经考试合格，颁发证书，凭证操作；不准超负荷使用设备，遵守交接班制度等。

### 2. 设备操作规程

设备操作规程是指正确操作设备的有关规定和程序。各类设备的结构不同，操作设备的要求也会有所不同，编制设备操作规程时，应该以制造厂家提供的设备说明书的内容要求为主要依据。

## 五、康乐设施设备的保养与维修

康乐设备的保养与维修是设备管理的重要内容，它决定着设备的工作状况和使用寿命，还会影响到饭店的经营成本和经济效益。因此，必须加以重视。

### （一）康乐设备的维护保养

康乐部的设备在使用过程中，由于经营环境中的尘土、空气中的各种化学成分等，使设备外观变得陈旧，机械产生磨损、部件松动，导致运转状态变差。这需要管理人员对设备进行有计划的清洁、润滑、检查、调整等工作，即设备的维护保养，这样才能使设备长期保持良好的工作运转状态。设施设备的维护保养一般分为日常维护保养和定期维护保养。

### （二）康乐设备的维修

康乐部设施设备的修理和维护保养是两项不能互相代替的工作，两者内容不同，要达到的目的也不一致。设备修理主要是修复和更换已经磨损或锈蚀的零部件，维护保养则是处理设施设备在运转过程中随时发生的技术状况的变化，如脏、松、缺等。

在设备运行中，即使保养工作完全按规定和计划进行，自然消耗与磨损仍然不可避免，可能出现各种故障，不能正常工作。要使设备恢复正常功能和运转，就必须对磨损部位进行修复，更换零部件，调整各部件的连接关系，使之正常运转。这种技术活动就是设施设备的维修。在康乐部，可以依据修理日期和内容的不同对设备进行分类。

## 任务三　康乐部物资设备管理技能训练

**实训目标**

通过实地考察，使学生对康乐部物资设备管理有一个基本了解。

**实训内容**

走访学校所在城市校企合作的高星级酒店，参与酒店康乐部对客服务，了解各康乐部物资和设施设备维护与保养情况，树立成本管理意识。

**实训步骤**

第一步：教师下达实训任务书，并作讲解说明。

第二步：将班级分成4～5个小组，每组4～5人，每组根据"康乐物资设备管理项目技能实训任务书"的内容，选择3～4个问题，实地考察酒店康乐部服务项目，通过现场观察，参与实践，访谈专业人员，查找资料，分析讨论，形成问题答案。

第三步：各小组在班级分享调查结果。

第四步：教师归纳分析，总结成果。

**实训成果**

提交调查报告。

## 康乐物资设备管理项目技能实训任务书

组名：_____    组员姓名：_____    日期：_____

1. 制订一份康乐部的物资设备管理计划。
2. 康乐部新员工需掌握哪些物资设备管理技能？
3. 制订一份康乐部新员工物资设备管理的培训计划。
4. 组织召开康乐部门物资设备管理例会。
5. 怎样对康乐部员工的物资设备管理意识进行督导？
6. 康乐部员工怎样做好康乐营销服务？
7. 如何针对不同的康乐项目设计物资设备管理方案？
8. 康乐部物资设备管理应注意哪些事项？
9. 客人在酒店康乐部损坏了设备，应如何处理？
10. 康乐部管理人员怎样将物资设备管理落实到具体工作中？
11. 康乐部管理人员怎样发挥物资设备的最大效用？
12. 康乐部物资设备管理如何适应酒店业未来的发展趋势？

**案例分析**

### 挎包不翼而飞

王女士花了近2 000元在某饭店健身俱乐部办了一张VIP健身卡。某日，王女士下班之后去俱乐部锻炼，其将挎包存放在洗澡间租用的柜子内（大柜子每月租金80元，小柜子每月租金30元），挎包内有其刚取的3 000元现金、4张银行卡、身份证、手机等物品。

王女士练完瑜伽回到洗澡间准备洗澡时，突然发现其柜子敞开着，挎包不翼而飞。王女士随即报警，并与俱乐部的相关负责人商谈赔偿事宜。该俱乐部一名负责人说："我们已经告知会员有贵重物品请存放到吧台，已经尽了告知义务，因此不该承担责任。另外，案件尚在侦查阶段，一切要等案件侦破后再说。"

律师解答：俱乐部应承担责任。理由是健身俱乐部不能以提示"贵重物品存放到吧台"而免除赔偿责任。王女士缴纳相应的保管费用，双方已形成有偿的保管合同，根据有关法律规定，保管期间因保管人保管不善，造成保管物损毁丢失的，保管人应当承担损坏赔偿责任。另外，健身俱乐部由于自身的管理问题造成王女士的财物丢失，属保管不善，应当对王女士承担赔偿责任。

同时，因为双方之前未对更衣柜存放物品进行验收，在实际理赔过程中，消费者还需要实际举证其丢失物品的内容及价值。

（资料来源：时永春. 康乐中心服务技能与实训［M］. 北京：清华大学出版社，2010.）

### 思考并回答

1. 康乐部服务人员应该采取何种措施，防止客人财物的丢失或损毁？
2. 服务人员应如何处理些类丢窃事件？

模块五·项目一 康乐部物资设备管理

## 任务评价表

组名：_____ 组员姓名：_____ 日期：_____

| 学习目标 | 评价内容 | 自评 | | | 组评 | | | 师评 | | |
|---|---|---|---|---|---|---|---|---|---|---|
| | | 优 | 良 | 中 | 优 | 良 | 中 | 优 | 良 | 中 |
| 知识目标 | 掌握康乐部物资的分类 | | | | | | | | | |
| | 熟悉康乐部物资的作用 | | | | | | | | | |
| | 熟悉康乐部物资采购的程序 | | | | | | | | | |
| | 熟悉康乐部物资消耗的管理方法 | | | | | | | | | |
| 能力目标 | 能够分析康乐部设备的分类 | | | | | | | | | |
| | 能够分析康乐部设备的作用 | | | | | | | | | |
| | 能够分析康乐部设备的管理制度 | | | | | | | | | |
| | 能够讲述康乐部设备管理的方法 | | | | | | | | | |
| 素养目标 | 具有团结合作的团队意识 | | | | | | | | | |
| | 具有谦虚求教的学习态度 | | | | | | | | | |
| | 具有节约成本的管理意识 | | | | | | | | | |
| | 具有乐观开朗的职业心态 | | | | | | | | | |
| 任务单 | 内容完整正确 | | | | | | | | | |
| | 书写规范清楚 | | | | | | | | | |
| | 思路清晰、层次分明 | | | | | | | | | |
| 小组合作 | 小组工作氛围融洽 | | | | | | | | | |
| | 成员相互配合密切 | | | | | | | | | |
| | 小组全员参与 | | | | | | | | | |
| 整体评价 | 优秀：□　　良好：□　　达标：□ | | | | | | | | | |
| 教师建议 | | | | | | | | | | |

# 项目二
# 康乐部安全管理

线上学习资料

随着康乐经营的发展，设施规模不断扩大，对客服务的项目增多，其经营管理中的安全工作也越来越重要。保证顾客安全是康乐部对客服务的内容之一，而且是最重要的服务内容。

### 知识目标

1. 知晓康乐部安全管理的重要性
2. 掌握康乐部安全事故的类型
3. 熟悉康乐部安全管理的目标、任务和制度
4. 掌握康乐部安全管理的方法

### 能力目标

1. 能够分析康乐部发生安全事故的原因
2. 能够分析康乐部安全管理的作用
3. 能够讲述康乐部安全管理的预防措施
4. 能够讲述康乐部安全管理的制度

### 素养目标

1. 具有班组合作的团队意识
2. 具有谦虚好学的学习态度
3. 具有防火防盗的安全意识
4. 具有积极乐观的职业心态

### 实训项目

设计班级同学分成若干小组，在组长带领下，参与合作酒店康乐部的各营业场所服务，学习酒店康乐部安全管理的制度、措施、方法等，规范操作，培养安全经营管理意识。

模块五·项目二　康乐部安全管理

> 🎵 **项目目标**
>
> 将班级学生分成若干小组，每组独立完成项目设计。每组成员用中/英文现场模拟演示本组设计的情景。

# 任务一　康乐部安全事故

## 一、康乐部安全事故的种类

康乐部娱乐场所的安全事故主要有火灾、偷窃及敲诈、打架斗殴、黄赌毒及设施设备安全等几种形态。

### （一）火灾事故

康乐部的歌舞厅、卡拉 OK 厅等灯光昏暗，客人若抽烟、饮酒，容易产生火源。因康乐场所多为易燃的装修材料建成，且多处于封闭环境，通风能力弱，逃生与救援不便，一旦起火，容易酿成大祸。

### （二）偷窃及敲诈事故

偷窃事故主要会影响休闲者的财物安全。康乐娱乐场所人员复杂，光线昏暗，休闲者放情娱乐，不法分子趁机偷窃。例如，有社会人员到包厢以敬酒的名义与客人闲聊，借机盗取客人钱包、手机等财物。敲诈则主要表现为康乐部对休闲者进行"宰客""诱骗"及销售假货、以次充好等违规操作和违法经营，给客人造成重大经济损失。

### （三）打架斗殴事故

打架斗殴多源于酗酒、争风吃醋等，在娱乐场所斗殴是违法事件，不仅容易伤害客人，也会损坏康乐部设施设备。此类事故容易在歌舞厅、酒吧及 KTV 中出现，因此，服务人员应提高警惕。

### (四) 黄赌毒事件

黄赌毒涉及违法犯罪，不仅严重危害客人利益，而且也严重妨碍旅游业、酒店业的发展。

### (五) 设施、设备引发的不安全事故

设施、设备的安装不合理或设备产品的不合格等，可能导致康乐场所安全事故发生。因此，饭店康乐部应尤其重视自身设施设备的安全性，将安全隐患消灭在萌芽之中。

## 二、康乐部发生安全管理事故的原因

### (一) 设施设备质量欠佳

#### 1. 大型康乐设备的质量问题

有些康乐企业和康乐设施生产厂家受商业利益的驱使，在不具备生产条件下，无证生产。有些设备属于无证产品或自制产品，存在着设计和配置不合理的现象，这些问题都影响设备的安全运行。康乐部设备的采购应注意选择正规厂家。

#### 2. 室内游艺设备的质量问题

有些无生产许可证的游艺设备厂家为追求利润和产量而轻视安全质量，致使产品存在安全隐患。主要体现在，一方面是电器绝缘性能太差，并且电源线不带保护地线，容易发生漏电事故；另一方面，一些设备的外观粗糙，棱角处的装饰条和螺钉等有毛刺或尖锐锋利面，容易划伤顾客。

#### 3. 游泳池设施的质量问题

饭店康乐部的游泳池池底、池壁、地面和墙面多用瓷砖铺成，瓷砖质量和施工质量不严格控制可能引发安全事故。瓷砖的棱角处太尖锐，容易划伤顾客，特别是人的皮肤经水浸泡后更容易被划伤。另外，为有效防止事故的发生，地面应采用具有较强防滑性能的瓷砖。

### (二) 设施设备维修保养不到位

#### 1. 台球厅保养不当造成的安全事故

一般情况下，饭店康乐部的台球厅环境幽雅、设施豪华，打球人员无剧烈动作，不容易出现伤害事故。但是，如果保养维修不当也难免造成事故，如台球杆出现裂痕、台球案上的台呢出现裂痕等。

### 2. 游泳池和戏水乐园的安全事故

饭店康乐部的游泳池和戏水场所四周的地面应保持清洁，否则细菌繁殖，水藻青苔生长，导致地面打滑，容易使顾客滑倒摔伤。游泳池的水质若保洁不到位，池水透明度会变差，可能使服务人员看不清水下发生的事故。

### (三)顾客使用方法和活动方式不当

#### 1. 准备活动不充分

有些康乐项目是由运动项目转化来的，活动比较剧烈，在运动之前，应当先做好预备活动，避免出现安全事故。例如，若在游泳前没有做好准备活动，容易抽筋。在进行健身锻炼、游泳、保龄球运动、网球和壁球运动前，没做好准备活动，极易出现扭伤和拉伤的情况。

#### 2. 身体情况欠佳

当顾客身体欠佳时，服务员应及时提醒顾客不要参加危险性和刺激性强的项目，也不要参加较剧烈的运动。如酗酒后游泳或戏水就很危险。患有心血管病、脑出血病的顾客不宜参与水滑梯等强刺激项目，易使病情加重，甚至猝死。身体状况不好时洗桑拿可能会引起休克。

#### 3. 技术水平欠佳

有些顾客的运动水平欠佳，动作协调性、运动的持久性有限，人们在酒店康乐部的环境里都比较兴奋，容易忽视安全。应遵守根据机器设备的性能特征和安全要求制定的操作规范，但有的顾客在使用设备时比较随意，不按规定操作或操作不当容易引发安全事故。

### (四)康乐部管理和服务不到位

#### 1. 维持秩序不当

一般的康乐项目由很多人共同参与，这就需要制定相应的游戏规则并维持良好的活动秩序，一些带有危险性的活动更应如此，例如小赛车、水上摩托、水滑梯等项目。如果维持秩序不当，可能会发生较严重的事故。因此，在项目实际经营管理中，维持秩序非常重要。

#### 2. 保护措施不当

一些康乐项目的运动量很大，存在着一定的不安全因素。为了减少或消除这些不安全的因素，在进行这些康乐活动时，需采取适当的保护措施，避免出现安全事故。

#### 3. 提示不及时

在容易出现安全事故的地点或时间，应该由服务员经常提示顾客，以降低发生事

故的概率。如在游泳池应当提示注意池水的深浅,应设有深水区、浅水区的提示牌,以防止顾客出现溺水现象或喜欢跳水的人跳水时头部与池底相撞的情况。

**4. 操作失误**

有些康乐项目拥有严格的操作规程和检查内容,需要服务员严格按照规则要求操作,尽可能避免发生严重伤害事故。

**5. 治安和消防管理不善**

宾客损坏康乐设备处理

指导标准

(1)打架斗殴。打架斗殴的事件在社会康乐场所时有发生,而在酒店的康乐部发生的概率小一些。引起斗殴事件的原因有几种。一是康乐场所消费的人群成分比较复杂,有时会有一些喜欢滋事的闲杂人员混迹其中,寻衅闹事;二是顾客当中有个别人好出风头,常为一点小事与别人争长论短,出言不逊;也有的顾客酗酒后到康乐场所消费,这些人往往精神亢奋、缺乏理智,容易与别的顾客发生口角,甚至斗殴。

(2)失窃事故。在康乐场所,特别是向社会开放的康乐场所,可能发生丢失物品的事故。引起失窃事故的原因有两个方面:一方面,由于参与康乐活动的顾客在兴高采烈的时候容易遗落物品,无意间将物品丢失;另一方面,这种公共场所是小偷经常光顾的地方,他们在这里也容易得手,因为在康乐场所,顾客与所带的物品常会有分开的机会,为小偷提供了可乘之机。

(3)消防事故。康乐场所由于顾客流量大,人员成分复杂,需加强消防安全管理,杜绝火灾事故的发生。

# 任务二　康乐安全管理

## 一、康乐安全管理的目标和任务

### (一)康乐安全管理的目标

**1. 保障顾客安全**

对于酒店康乐部来说,保障顾客的安全主要体现在以下几个方面:

(1)顾客心理具有安全感。即是顾客心理对环境、设备设施、服务的一种信任感。有时顾客的人身未受到伤害,财产也未损失,但有一种不安全、恐惧的心理。主要表现在设施建筑不牢固,设备安装不合理,或者缺乏必要的防盗和消防措施;价格不公道，收费不合理，有被"宰"的感觉；游乐环境氛围过于紧张，如"禁止通行""闲人莫入"等标语，保卫人员表情严肃，服务人员态度生硬等。

（2）顾客人身安全。保障顾客的人身不受侵害，这是最基本的生理需求。造成顾客人身伤害事故的因素主要有：社会环境、自然灾害、公共治安、设施布局不合理、设备安装不规范、发生火灾、食物中毒等。

（3）顾客财产安全。顾客随身携带的贵重物品，需要酒店寄存，康乐部应为客人妥善保管，防止被盗窃。

### 2. 保障员工安全

保障员工安全是康乐部进行正常经营，取得良好效益的前提，主要有以下内容：

（1）保障人身安全。到酒店康乐部消费的顾客比较复杂，各个层次的人员都有，每个人的素质不同，难免会与服务员发生冲突。作为管理人员，既要保证顾客的人身安全，同时也要保障员工的人身安全，这是对客服务的基础。

（2）保障合法权益。康乐部遵循"顾客至上"的服务宗旨，在工作中员工难免会受到某些客人言语的不敬或委屈。作为康乐部门的管理人员，应主持公道，依章办事，保障员工的合法权益，使其人格受到尊重。

（3）保障精神不受污染。康乐服务会面对各色各样的人。顾客给企业带来了收入，但难免也会带来一些不良的影响，这不可避免地会对员工的思想认识产生某些负面影响，需要平时加强教育引导。

### 3. 保障康乐场所安全

酒店康乐场所安全是经营管理的首要条件。为了维护康乐部秩序，需要进行一系列工作。如有的顾客衣冠不整，或行为举止不雅，或酗酒，或大吵大闹等，保安人员须有效制止，避免影响康乐整体格调，破坏酒店形象。

## （二）康乐安全管理的任务

### 1. 制定安全措施，组织业务培训

康乐部要根据公安消防、卫生防疫等单位及酒店的规定，结合康乐部门的特点，制定安全措施。定期对全体人员进行安全业务培训，做好事故预防与处理，给员工培训法律法规知识，提高员工对各种犯罪活动的警惕性，增强员工保护消费者权益的意识，知晓如何维护企业和自身利益。

### 2. 建立健全安全管理组织

康乐部经理是部门安全管理的负责人，参加酒店安全委员会，协调康乐安全事务。各个班组需配备安全管理员，宣传安全知识，负责安全检查，沟通安全信息。同时，要健全安全管理的分工负责体制，发动全体员工，提高全员安全意识。

#### 3. 做好消防检查和维护工作

酒店康乐部的灭火器、水龙头、防火通道、隔火通道、感烟装置、监控系统等消防设备要定期检查维护，保障正常使用。需设专人管理，位置摆放合理，取用方便，标注使用说明方法。

#### 4. 做好食品卫生安全管理

康乐部要制定食品卫生安全管理的措施，加强食品卫生检疫工作，查明发生食物中毒和疾病传染的原因，建立责任制，一旦发生了食物中毒和疾病传染的事故，要按照预案处置，及时上报总经理和卫生防疫部门，查明原因，分清责任，总结教训。

#### 5. 妥善处理安全事故

康乐部如发生安全事故，需要根据情节轻重，提出处理意见。同时，还要吸取经验教训，分析安全管理的漏洞或不足，及时修订安全措施，加强安全防范。

## 二、康乐安全事故的预防措施

### （一）提高安全意识与加强防火巡视

康乐部的每位员工都应树立安全管理的意识，清楚各种防火设备的配置位置，熟悉各种消防器材的使用方法。平时加强对各类消防器材的检查与维护，同时应在康乐场所加强巡视，及时制止客人的不安全行为，消除安全隐患，避免火灾事故的发生。

### （二）掌握运动伤害防护与急救处置的知识

在康乐部，有时会因客人设备操作不当，或客人运动方式及时间不当，或不按规则运动，或管理出现疏忽等原因，使客人身体受到伤害。康乐部服务人员需掌握运动伤害防护与急救处置的方法，当客人出现意外情况时，能采取正确的应对措施，及时施救。

### （三）主动向客人提供技术指导与接待服务

康乐部服务人员需进行专业培训，熟练操作和使用如健身房、游泳池、台球馆等本部门的各种设备，了解其性能、结构、特点和注意事项，为客人提供器械使用指导，提供规范的接待服务，防止客人因不恰当的使用而造成伤害。

### （四）加强场所安全管理与巡视督查

康乐部经营项目多，场所人员分散，客人在活动时容易放松对自己财物的保管，从而造成财物丢失。为此，服务人员需严格执行康乐场所的安全规定，提醒客人贵重物品可交由酒店保管，注意保管好私人物品，加强现场巡视，督查各个岗点，做好防范工作。

### （五）提高紧急情况的应对与处理能力

康乐场所的人员比较复杂，容易出现一些突发事件，如客人因酗酒而引发斗殴等。因此，服务人员需具备较强的应变能力，能及时应对突发的治安事件，降低给酒店与客人带来的危害与损失。

## 三、康乐安全管理制度

### （一）安全组织制度

按照酒店群众性治安消防组织的设置要求，在各部门和管区建立相应的安全组织及兼职的治安员和基层义务消防队员，形成安全保卫网络，见图 5-2。坚持"安全第一、预防为主"的方针，落实"谁主管，谁负责"的安全责任制，确保一方平安。

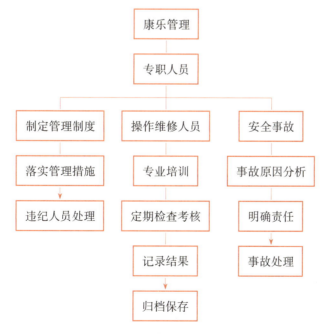

图 5-2　康乐安全管理体系

### （二）员工安全管理

（1）康乐部员工须自觉遵守酒店《员工手册》中规定的安全管理制度，自觉接受酒店和部门组织的"四防"（防火、防盗、防破坏、防治安危害事故）宣传教育，参加安

全业务培训和消防演练。

（2）康乐部员工须掌握工作岗位上使用的各类设备和用具的性能，在做好日常维护与保养工作的同时，严格按照使用说明正确操作，以保障自身安全和设备正常运转。

（3）康乐部员工须清楚岗位环境、安全出口的方位，熟悉责任区内的消防、治安设备装置和使用方法，在紧急情况下做到有序操作。

（4）康乐部员工须熟悉《保安管理》中制定的"火灾应急预案""处理各类刑事案件和治安事件的工作流程"，遇有突发事件，应保持镇静，并按应急预案和工作流程妥善处理。

### （三）康乐场所安全管理

康乐场所须做到消防设备齐全、安全有效。保证有两个及以上的出入通道，并保持畅通。严格按照治安主管部门发布的《娱乐场所管理条例》经营，当发生影响治安秩序的事件时，应立即采取措施制止和隔离，并向保卫部报告。康乐部每日营业结束时，当班员工和值班人员应做好安全检查工作。

## 任务三　康乐部安全管理技能训练

**实训目标**

通过实地考察，使学生对康乐部安全管理有一个基本了解。

**实训内容**

走访学校所在城市校企合作的高星级酒店，参与酒店康乐部对客服务，了解各康乐部安全管理的有关情况，树立安全管理意识。

**实训步骤**

第一步：教师下达实训任务书，并作讲解说明。

第二步：将班级分成4~5个小组，每组4~5人，每组根据"康乐安全管理项目技能实训任务书"的内容，选择3~4个问题，实地考察酒店康乐部服务项目，通过现场观察，参与实践，访谈专业人员，查找资料，分析讨论，形成问题答案。

第三步：各小组在班级分享调查结果。

第四步：教师归纳分析，总结成果。

**实训成果**

提交调查报告。

## 康乐安全管理项目技能实训任务书

组名：_____　　组员姓名：_____　　日期：_____

1. 制订一份康乐部的安全管理计划。
2. 康乐部新员工需掌握哪些安全管理技能？
3. 制订一份康乐部新员工安全管理的培训计划。
4. 组织召开康乐部门安全管理例会。
5. 怎样对康乐部员工的安全管理意识进行督导？
6. 如何针对不同的康乐项目设计安全管理方案？
7. 康乐部安全管理应注意哪些事项？
8. 客人在酒店康乐部发生了安全事故，应如何处理？
9. 部门管理人员应怎样将安全管理落实到具体工作中？
10. 部门管理人员应怎样预防安全事故的发生？
11. 康乐部安全管理如何适应酒店业未来的发展趋势？

### 案例分析

#### 抢救溺水客人

在某酒店的康体设施中，最受广大顾客欢迎的是酒店的室外游泳馆，它位于酒店的二楼平台，周围环绕着屋顶花园，环境优美，每天客人都很多。

一天中午，救生员小张突然听到游泳池对面的深水区有人喊："快救人啊！有人溺水了！"小张扑通跳下水，几个动作就游到了深水区，小张看到溺水的人正在吐着气泡下沉，就沉下去把溺水的人救了上来。溺水的人肚子鼓鼓的，奄奄一息。小张马上熟练地垫高溺水者腹部，使其头朝下，并压拍他的背部。溺水客人吸入的水从口、鼻流出来了，不过他似乎还在昏迷状态中。小张检查溺水者是否能自主呼吸，发现不能，于是马上给客人进行人工呼吸。小张一边给客人做人工呼吸，一边用双手叠加为其进行心脏部位挤压，终于"哇"的一声，客人苏醒了过来。

### 思考并回答

1. 你认为酒店的康体部门可能会存在哪些危险？
2. 总结预防危险事故发生的措施。
3. 请简述人工呼吸的要点。

## 任务评价表

组名：_____　　组员姓名：_____　　日期：_____

| 学习目标 | 评价内容 | 自评 | | | 组评 | | | 师评 | | |
|---|---|---|---|---|---|---|---|---|---|---|
| | | 优 | 良 | 中 | 优 | 良 | 中 | 优 | 良 | 中 |
| 知识目标 | 掌握康乐部安全管理的重要性 | | | | | | | | | |
| | 熟悉康乐部安全事故的类型 | | | | | | | | | |
| | 熟悉康乐部安全管理的目标、任务和制度 | | | | | | | | | |
| | 熟悉康乐部安全管理的方法 | | | | | | | | | |
| 能力目标 | 能够分析康乐部容易发生安全事故的原因 | | | | | | | | | |
| | 能够分析康乐部安全管理的作用 | | | | | | | | | |
| | 能够讲述康乐部安全管理的预防措施 | | | | | | | | | |
| | 能够讲述康乐部安全管理的制度 | | | | | | | | | |
| 素养目标 | 具有班组合作的团队意识 | | | | | | | | | |
| | 具有谦虚好学的学习态度 | | | | | | | | | |
| | 具有防火防盗的安全意识 | | | | | | | | | |
| | 具有积极乐观的职业心态 | | | | | | | | | |
| 任务单 | 内容完整正确 | | | | | | | | | |
| | 书写规范清楚 | | | | | | | | | |
| | 思路清晰、层次分明 | | | | | | | | | |
| 小组合作 | 小组工作氛围融洽 | | | | | | | | | |
| | 成员相互配合密切 | | | | | | | | | |
| | 小组全员参与 | | | | | | | | | |
| 整体评价 | 优秀：□　　良好：□　　达标：□ | | | | | | | | | |
| 教师建议 | | | | | | | | | | |

# 参考文献

[1] 黄安民. 酒店康乐服务与管理[M]. 重庆：重庆大学出版社，2016.

[2] 濮佳宁. 康乐服务与管理[M]. 上海：华东师范大学出版社，2018.

[3] 杨华. 康乐服务与管理（第二版）[M]. 北京：北京大学出版社，2018.

[4] 李玫. 康乐服务与管理[M]. 上海：上海交通大学出版社，2011.

[5] 曾丹，刘丹. 康乐服务与管理[M]. 北京：北京理工大学出版社，2017.

[6] 匡家庆. 酒水知识与酒吧管理[M]. 北京：中国旅游出版社，2017.

[7] 李明宇. 饭店康乐服务与管理[M]. 北京：清华大学出版社，2016.

[8] 赵莹雪. 康乐服务与管理（第二版）[M]. 北京：旅游教育出版社，2019.

[9] 李丽新. 康乐服务与管理[M]. 长春：东北师范大学出版社，2014.

[10] 费明卫，唐燕. 饭店康乐服务[M]. 重庆：西南师范大学出版社，2014.

[11] 刘哲. 康乐服务与管理（第二版）[M]. 北京：旅游教育出版社，2014.

[12] 吴玲. 康乐服务与管理（第二版）[M]. 北京：高等教育出版社，2011.

[13] 徐少阳. 康乐与服务[M]. 北京：清华大学出版社，2011.

[14] 张智慧，谢玮，闫晓燕. 康乐服务与管理（第二版）[M]. 北京：北京理工大学出版社，2016.

[15] 李久昌. 酒店康乐服务与管理[M]. 郑州：大象出版社，2015.

[16] 牛志文，周廷兰. 康乐服务与管理[M]. 北京：中国财富出版社，2010.

[17] 唐少峰. 康乐服务基本技能[M]. 北京：中国劳动社会保障出版社，2010.

[18] 刘俊敏. 酒店康乐部精细化管理与服务规范[M]. 北京：人民邮电出版社，2009.

[19] 左剑. 康乐服务与管理（第二版）[M]. 北京：科学出版社，2016.

[20] 李舟. 饭店康乐中心服务案例解析[M]. 北京：旅游教育出版社，2007.

[21] 蒋丁新. 饭店管理（第三版）[M]. 北京：高等教育出版社，2010.

[22] 刘慧明，杨卫. 康乐经理：岗位职业技能培训教程[M]. 广州：广东经济出版社，2007.

[23] 黄益苏. 时尚休闲运动[M]. 北京：高等教育出版社，2010.

[24] 吴业山，刘哲. 康乐服务学习手册[M]. 北京：旅游教育出版社，2007.

[25] 朱瑞明. 康乐服务实训[M]. 北京：中国劳动社会保障出版社，2006.

[26] 徐志生. 足浴按摩实用手册[M]. 北京：中医古籍出版社，2004.

[27] 国家职业资格工作官方网站：www.osta.org.cn

[28] 中国游泳协会官方网站：www.swimming.org.cn

[29] 中国瑜伽官方网站：www.chinayogasport.org

[30] 中国台球协会官方网站：www.cbsa.org.cn

[31] 中国网球协会官方网站：www.tennis.org.cn

[32] 中国乒乓球协会官方网站：www.ctta.cn

[33] 中国羽毛球协会官方网站：www.cba.org.cn

[34] 中国高尔夫球协会官方网站：www.cgagolf.org.cn

[35] 中国健美操协会官方网站：www.caa.net.cn

[36] 中国交通运输协会邮轮游艇分会官方网站：www.ccyia.com

[37] 游艇网：www.isyacht.com

[38] 邮轮网：www.cncruise.com

[39] 中华人民共和国文化和旅游部官方网站：www.mct.gov.cn

[40] 开元酒店集团：www.kaiyuanhotels.com

[41] 开元旅业集团：www.kaiyuangroup.com

**图书在版编目(CIP)数据**

康乐运作实务/何勇,邢艳梅编著. —上海:复旦大学出版社,2020.11
(开元酒店管理现代学徒制系列/张建庆总主编)
ISBN 978-7-309-15235-7

Ⅰ.①康… Ⅱ.①何… ②邢… Ⅲ.①休闲娱乐-商业服务 ②休闲娱乐-商业管理
Ⅳ.①F719.5

中国版本图书馆 CIP 数据核字(2020)第 141458 号

**康乐运作实务**
何 勇 邢艳梅 编著
责任编辑/戚雅斯

复旦大学出版社有限公司出版发行
上海市国权路 579 号  邮编:200433
网址:fupnet@fudanpress.com  http://www.fudanpress.com
门市零售:86-21-65102580  团体订购:86-21-65104505
外埠邮购:86-21-65642846  出版部电话:86-21-65642845
上海四维数字图文有限公司

开本 787×1092  1/16  印张 14.5  字数 283 千
2020 年 11 月第 1 版第 1 次印刷

ISBN 978-7-309-15235-7/F·2726
定价:40.00 元

如有印装质量问题,请向复旦大学出版社有限公司出版部调换。
版权所有  侵权必究